PLAINTE

A Messieurs les Ministres,
A Messieurs les Sénateurs,
A Messieurs les Députés,
A Monsieur le Procureur général près la Cour de Cassation,
A Monsieur le Premier Président et à Messieurs les Présidents et Conseillers de la Cour de Cassation,

CONTRE

M. Bordeaux-Desbarres, président,
M. Bouessée, juge,
M. Trouillard, juge,
Tous trois composant le Tribunal correctionnel de Laval

ET CONTRE

M. Doitteau, juge de paix du Canton Ouest de Laval,

ET PÉTITION

A Messieurs les Ministres,
A Messieurs les Sénateurs,
A Messieurs les Députés,
A l'effet d'obtenir notamment du Parlement le vote d'une loi rendant les Juges responsables pécuniairement des fautes lourdes qu'ils font,

PAR

C. EUSTACHE de la COCHARDIÈRE de la MARCHE

ANCIEN NOTAIRE A MAYENNE
RENTIER
11, boulevard Carnot, à Angers (Maine-et-Loire)

ANGERS
IMPRIMERIE TYPOGRAPHIQUE P. DESNOES
26, boulevard du Château, 26

1907

PLAINTE

A Messieurs les Ministres,
A Messieurs les Sénateurs,
A Messieurs les Députés,
A Monsieur le Procureur général près la Cour de Cassation,
A Monsieur le Premier Président et à Messieurs les Présidents et Conseillers de la Cour de Cassation,

CONTRE

M. Bordeaux-Desbarres, président,
M. Bouessée, juge,
M. Trouillard, juge,
Tous trois composant le Tribunal correctionnel de Laval

ET CONTRE

M. Doitteau, juge de paix du Canton Ouest de Laval,

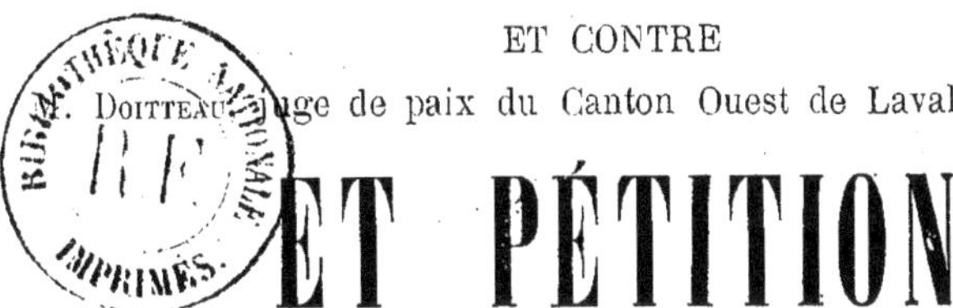

ET PÉTITION

A Messieurs les Ministres,
A Messieurs les Sénateurs,
A Messieurs les Députés,

A l'effet d'obtenir notamment du Parlement le vote d'une loi rendant les Juges responsables pécuniairement des fautes lourdes qu'ils font,

PAR

C. EUSTACHE de la COCHARDIÈRE de la MARCHE

ANCIEN NOTAIRE A MAYENNE

RENTIER

11, boulevard Carnot, à Angers (Maine-et-Loire)

ANGERS
IMPRIMERIE TYPOGRAPHIQUE P. DESNOES
26, boulevard du Château, 26

1907

PLAINTE

A Messieurs les Ministres,
A Messieurs les Sénateurs,
A Messieurs les Députés,
A Monsieur le Procureur général près la Cour de Cassation,
A Monsieur le Premier président et à Messieurs les Présidents et Conseillers de la Cour de Cassation,

Contre M. Bordeaux-Desbarres, président, MM. Bouessée et Trouillard, juges, composant tous trois le Tribunal Correctionnel de Laval.

Et contre M. Doitteau, juge de paix du canton ouest de Laval.

A raison des faits ci-après dénoncés qu'ils ont commis envers le plaignant.

ET PÉTITION

A Messieurs les Ministres,
A Messieurs les Sénateurs,
A Messieurs les Députés,

A l'effet d'obtenir notamment du Parlement le vote d'une loi qui rende les juges responsables pécuniairement des fautes lourdes ou graves qu'ils commettent dans l'exercice de leurs fonctions pour les empêcher d'en commettre : la crainte d'une action en responsabilité étant le seul moyen efficace pour les obliger à rendre la justice selon le droit et l'équité.

PAR

C. EUSTACHE DE LA COCHARDIÈRE DE LA MARCHE

Messieurs,

§ Ier

LA JUSTICE DU TRIBUNAL CORRECTIONNEL DE LAVAL

J'ai fait à M. Ridel, architecte à Laval, deux procès : l'un pour coups et blessures et l'autre pour diffamation ; et c'est au sujet de ces deux actions judiciaires que j'ai à me plaindre des juges du Tribunal Correctionnel de Laval. Avant de passer à ma plainte, il est nécessaire que j'expose les faits préalables.

PREMIER PROCÈS — COUPS ET BLESSURES

Exposé des faits et motifs de l'action judiciaire de M. E. de la Cochardière de la Marche contre M. Ridel

1. — Le vendredi 13 octobre 1905, vers deux heures de l'après-midi, j'étais à Laval, dans l'urinoir de la rue Souchu-Servinière, proche le bureau de M. Ridel, architecte de la ville de Laval.

Pendant que j'urinais, je fus frappé par derrière, à l'improviste, sur la tête, d'un coup de cravache, sans en savoir le motif.

Après avoir reçu ce coup de cravache, je me retournai et je sortis vivement de l'urinoir en levant, instinctivement, mon parapluie pour me défendre ; mais mon parapluie fut immédiatement saisi par mon agresseur qui, après m'en avoir désarmé, me frappa, encore, en me tenant par le bras, de deux coups sur la tête, d'un sur le cou, et de deux sur la joue gauche qui produisirent une hémorragie.

Après m'être dégagé de lui, je me sauvai, laissant aux mains de mon agresseur mon parapluie dont il s'était emparé et abandonnant mon chapeau que ses coups de cravache avaient fait tomber à terre. Je fus me réfugier en courant, pour ne pas être tué, tellement les coups étaient portés avec violence, au Café des Arts situé à 80 mètres environ du lieu de l'agression et jusqu'où je fus poursuivi la cravache à la main par mon adversaire.

Après être entré au Café des Arts, j'en refermai vivement la porte et je la maintins fermée afin que mon agresseur ne pût entrer pour me frapper. Ne pouvant plus m'atteindre, il s'en alla.

A ce moment, je m'aperçus que mon pantalon était déboutonné et que ma chemise en sortait. Ayant été frappé par derrière, à l'improviste, je n'avais pas eu le temps de le boutonner. Voilà un fait qui démontre bien d'une manière évidente que j'ai été frappé au moment où je m'y attendais le moins.

Le sang provenant de la plaie faite à ma joue gauche par les coups que m'avait portés mon ennemi a coulé pendant plus de deux heures. Ce sang a taché ma cravate, ma chemise, mon gilet et mon veston. Ces objets ont été déposés au greffe du Tribunal correctionnel de Laval comme pièces à conviction. Je les possède encore intactes.

Les coups que j'ai reçus et les blessures qui m'ont été faites m'ont forcé de garder la chambre pendant dix jours. J'ai été alité pendant six jours.

Mon agresseur était M. Ridel, architecte de la ville de Laval, chevalier de la Légion d'Honneur.

Les faits dont la description précède sont confirmés par l'ensemble des dépositions des témoins : M. le docteur-médecin Letort, M. Lesegrétain, Mme Bourry, M. Lepont, M. et Mme Bourné, ainsi que le constate le procès-verbal d'enquête ci-après transcrit, dressé à l'audience correctionnelle du 7 mars 1906, sauf pour le commencement de l'agression que ces témoins n'ont pas vu.

Motif de l'agression

2. — Quelle était la cause de cette agression ?

La Mayenne du 14 octobre 1905, journal quotidien, me l'a appris le soir même de l'agression : c'était une lettre injurieuse, signée de mon nom, que M. Ridel avait reçue.

Aurais-je été l'auteur de cette lettre et eût-elle été injurieuse que M. Ridel n'avait pas le droit de se faire justice lui-même ; il devait s'en remettre aux tribunaux du soin de le venger de l'injure.

Mais je n'avais point écrit, ni adressé de lettre à cet homme à qui je n'avais jamais parlé et contre lequel je n'avais alors ni grief, ni haine, ne le connaissant pas autrement que de vue.

3. — A la suite d'une plainte en faux, adressée par moi à M. le Procureur de la République de Laval, une instruction fut ouverte.

Le lendemain du jour de ma plainte, une perquisition fut opérée chez moi, qui étais plaignant, par M. le Juge d'instruction de Laval !! L'instruction fut close deux mois après son ouverture par une ordonnance de non-lieu, précédée d'un rapport d'experts en écritures, établissant que je ne suis point l'auteur de la lettre que M. Ridel m'imputait.

Les experts et le juge d'instruction ont pu constater, sur une pièce qui est dans le dossier de l'instruction en faux, que mon nom apposé au bas de la lettre incriminée avait été décalqué sur une note comminatoire que j'avais envoyée le 8 juillet 1905 à M. Ratte, commissaire de police à Laval, auquel je faisais un procès pour abus d'autorité ainsi qu'il résulte d'une assignation que je lui avais fait délivrer par M. Regnault huissier à Laval, le 22 septembre 1905, pour l'audience du 14 octobre 1905.

4. — Le contexte de la lettre et la signature n'étant pas de la même écriture, il était facile à M. Ridel, qui est un homme intelligent et instruit, de voir, de suite, que cette lettre ne pouvait être de moi ; car étant un rentier, ancien notaire, relativement jeune encore, je n'avais besoin de personne pour écrire une lettre.

On s'explique difficilement que M. Ridel ne se soit pas rendu compte que cette lettre était l'œuvre d'un faussaire pour plusieurs motifs, à savoir :

D'abord, parce qu'il ne m'avait jamais froissé, ni blessé dans mon amour-propre, ni dans mon honneur (1) ; d'où il suit que je n'avais aucune raison pour lui envoyer la lettre qu'il me reprochait ;

Ensuite, parce qu'il saute aux yeux de tout homme que n'ayant pas à me venger de M. Ridel, que je ne connaissais que de vue, je n'avais pu lui envoyer cette lettre parce qu'elle m'exposait :

Soit à un duel,

Soit à me faire poursuivre en simple police par application de l'article 33 de la loi du 29 juillet 1881,

Soit à recevoir une rossée.

5. — Quant à la lettre en elle-même, que le juge d'instruction m'a permis de lire, elle n'est point injurieuse. Sans doute, elle révèle des faits qui portent atteinte à l'amour-propre de M. Ridel qu'il place très haut, mais c'est tout. D'injures, il n'y en a pas.

Les autorités judiciaires pourront voir, s'ils se font communiquer la lettre dont il s'agit, qu'elle n'est point injurieuse et qu'elle ne contient qu'un ramassis de potins insignifiants qui ne pouvaient guère blesser M. Ridel, alors surtout qu'elle lui est arrivée par la poste sous enveloppe cachetée.

M. Ridel ne la trouvait pas injurieuse à l'origine puisqu'il en avait donné lecture à son employé M. Sauvé (2). Quand on est injurié dans

(1) A l'instruction de faux, M. Ridel a reconnu que nous n'avions jamais eu de difficultés ensemble, ni même de froissement. Voir le dossier de l'instruction de faux.

(2) Le témoin Sauvé a dit que M. Ridel avait ouvert la lettre devant lui et la lui avait lue à haute voix. Voir sa déposition page 14.

une lettre privée, on se garde bien d'en donner lecture à qui que ce soit pour ne pas faire rire de soi. Cela est incontestable.

6. — La lettre incriminée ne pouvait, à elle seule, provoquer l'agression dont j'ai été victime. Il faut en rechercher ailleurs la cause originaire.

Le témoin à décharge M. Sauvé, produit par M. Ridel, nous l'indique dans sa déposition où je lis ce qui suit :

Demande de l'avocat de M. Ridel : M. de la Marche ne vous a-t-il pas demandé des renseignements sur le traitement des employés, disant « ce sont des gros bonnets qui sont trop payés ? »

Réponse de M. Sauvé : C'est exact. Il a même ajouté qu'il ferait des articles dans les journaux. C'était le samedi d'avant la rixe.

M. Ridel, qui est un des gros bonnets payés trop cher par la Caisse municipale, savait que ce n'était pas une vaine menace que j'avais faite à son employé M. Sauvé. J'avais, en effet, dans une lettre au Ministre de l'Intérieur, publiée et placardée contre les murs de la ville de Laval à un nombre considérable d'exemplaires, demandé une réduction de 1.200 francs sur les allocations accordées par le Conseil municipal de Laval à M. Ratte, commissaire de police de Laval, en sus de son traitement légal, parce que ces 1.200 francs n'étaient qu'une allocation gracieuse.

C'était bien mon droit, comme contribuable, de demander la réduction de tout ou partie des allocations gracieuses accordées par le Conseil municipal au commissaire de police de Laval, comme c'était également mon droit de demander la réduction du traitement des gros bonnets de l'administration municipale sans que je doive, pour cela, être battu.

MM. les Sénateurs et Députés accepteraient-ils d'être frappés pour avoir demandé la réduction des gros traitements des fonctionnaires sans que leurs agresseurs soient punis ?

Défense de M. Ridel

7. — M. Ridel ne méconnaît pas la scène telle que je l'ai décrite plus haut, sauf pour le commencement. D'après lui, le commencement de la scène se serait passé de la manière suivante :

M'ayant vu passer pour aller à la vespasienne, il serait sorti de son bureau, une cravache à la main, et m'aurait interpellé dans l'urinoir en disant : « Est-ce vous, salopiau, qui avez fait cette chose-là » et que, pour toute réponse, je lui aurais asséné un coup de parapluie auquel il aurait rispoté par un coup de cravache.

Pour essayer de justifier une partie de son assertion, il a fait citer un témoin à décharge le sieur Leray, qui a déposé comme suit :

Le 13 octobre, j'ai aperçu le parapluie de M. de la Marche tomber sur M. Ridel et j'ai vu celui-ci flanquer une correction à M. de la Marche, Cela se passait aux piscines, en face du bureau de police. J'étais à côté de la poste.

Sur interpellation de Me Chauveau :

Je maintiens ce que j'ai dit. Je persiste à dire que j'ai vu M. de la Marche frapper le premier.

A) — A la prétention de M. Ridel disant qu'il m'avait interpellé en ces termes : « Est-ce vous, salopiau, qui avez fait cette chose là » et que, pour toute réponse, je lui aurais asséné un coup de parapluie, voici ce que je réponds :

Je n'ai jamais été interpellé par M. Ridel. S'il m'avait interpellé, il saute aux yeux des moins clairvoyants que je lui aurais répondu que je ne lui avais pas écrit. Je ne pouvais pas faire d'autre réponse puisque dès que j'ai su qu'il m'accusait de lui avoir envoyé une lettre injurieuse, j'ai adressé une plainte en faux à M. le Procureur de la République de Laval à la suite de laquelle une instruction a été ouverte, laquelle a démontré, comme je l'ai expliqué plus haut, que cette lettre est un faux.

M. Ridel n'a pu faire attester son interpellation par un témoignage quelconque. Son premier témoin à décharge, Leray, n'a rien entendu. Son second témoin à décharge, Sauvé, n'a rien entendu non plus.

Un accusé ne peut pas être cru sur son dire quand il a pour objet de le décharger !

Aucun homme sensé et de bonne foi n'admettra que je l'ai frappé le premier d'un coup de parapluie puisque je n'avais aucun motif de haine contre lui, fait qu'il a reconnu dans l'instruction de faux. Si j'en avais eu un, je ne l'aurais même pas frappé le premier parce qu'il tenait à la main une cravache, arme offensive, pouvant me blesser grièvement, sinon mortellement

On n'attaque pas avec un parapluie un homme armé d'une cravache ; on se défend comme on peut avec son parapluie de quelqu'un qui frappe avec une cravache.

Ah ! on conçoit très bien qu'après avoir été frappé le premier par M. Ridel, j'ai cherché à me défendre et que dans ce but j'ai levé mon parapluie que M Ridel a abattu sur lui en s'en emparant.

Il y a, dans l'interrogatoire de M. Ridel, un passage qui le confond ! C'est le suivant. Cet homme dit :

Le 13 octobre, vers deux heures de l'après-midi, j'ai retiré de ma boite aux lettres mon courrier du jour. J'ai ouvert mes lettres à mon bureau. Il y en avait une qui était injurieuse à mon égard signée Eustache de la Cochardière de la Marche. A ce moment, passa près de mon bureau M. de la Marche qui s'arrêta à l'urinoir. Je sortis indigné avec une cravache et je lui dis : « Est-ce vous, salopiau, qui avez fait cette chose-là ? »

Si, comme il le prétend, il m'avait tenu ce propos : « Est-ce vous, salopiau, qui avez fait cette chose-là », il m'aurait nécessairement exhibé la lettre qu'il désignait par « cette chose-là. » Or, son témoin Leray qui a assisté à la scène, n'a pas vu l'exhibition de cette lettre. Si elle m'avait été exhibée, il l'aurait vue.

Cette lettre ne m'a jamais été présentée Je vais le démontrer. S'il me l'avait montrée, il se serait passé ceci : — ou elle serait tombée à terre quand il m'a désarmé et, dans ce cas, elle serait salie par la boue, car il pleuvait ce jour-là ; — ou il l'aurait conservée dans sa main et, dans ce cas, elle serait chiffonnée, car on ne désarme pas quelqu'un sans chiffonner une lettre qu'on tient à la main.

Or, la lettre n'est ni salie, ni chiffonnée, ainsi que le Tribunal a pu, comme mon avocat, le voir en compulsant le dossier de l'instruction de faux. Il faut, donc, forcément en conclure que M. Ridel ne m'a point interpellé, car il ne pouvait m'interpeller sans me montrer la lettre qu'il m'attribuait.

C'est en vain qu'on voudrait expliquer que si la lettre n'est ni salie, ni chiffonnée, c'est parce que M. Ridel l'a pliée et mise dans sa poche avant de me frapper, car cette explication serait sans valeur. Voici pourquoi : au moment d'une agression, tout citoyen en colère, armé d'une cravache, s'il interpelle son adversaire en exhibant une lettre qui l'a mis en état de surexcitation, ne prend certes point le temps, avant de se battre, de plier la lettre qu'il tient à la main et de la mettre ensuite dans l'une des poches de ses vêtements. La colère le fait, en effet, frapper incontinent. S'il ne frappait pas de suite, il ne frapperait plus après, la colère étant apaisée.

Son avocat a gardé le silence, à l'audience, sur ces points parce que tout le confondait..

L'interpellation de M Ridel n'a été inventée par lui que pour essayer de se disculper, comme on vient de s'en rendre compte.

B) — A la déposition du témoin Leray disant que j'ai frappé le premier M. Ridel, voici ma réponse :

Ce témoin a-t-il vu le commencement de la scène ? — Non, car il n'en a pas parlé dans sa déposition. S'il l'avait vu, il aurait raconté qu'il avait aperçu M. Ridel sortir de son bureau une cravache à la main, se rendre à l'urinoir où j'étais et me frapper d'un coup de cravache. Il n'a vu la scène qu'après que j'étais sorti de l'urinoir au moment où je levais mon parapluie pour me défendre. Il a dit, en effet seulement, d'après une première version qu'il a vu mon parapluie « tomber » sur M. Ridel et d'après une seconde version que « j'ai frappé » M. Ridel le premier. Il n'a donc vu que cela, à moins qu'ayant vu le commencement de l'agression il ait gardé le silence pour ne pas charger mon agresseur comme il l'a fait en ne rapportant pas que M. Ridel m'a poursuivi jusqu'au Café des Arts avec sa cravache à la main, comme l'ont attesté d'autres témoins.

Il était facile à M. Ridel de me frapper par derrière, à l'improviste, pendant que j'urinais : l'urinoir où j'étais n'étant pas couvert.

Examinons, maintenant, la déposition de ce témoin.

En premier lieu, il rapporte qu'il a vu mon parapluie « tomber » sur M. Ridel.

En second lieu, après interpellation, il ne dit plus qu'il a vu « tomber » mon parapluie sur M. Ridel, mais que « j'ai frappé » M. Ridel.

Laquelle des deux versions est la vraie ?

Il y a une différence entre « laisser tomber » son parapluie sur quelqu'un et « frapper » quelqu'un avec son parapluie.

La première version de ce témoin disant que mon parapluie est « tombé » sur M Ridel paraît être à peu près exacte. Il se peut, en effet, que M. Ridel, en s'emparant vivement de mon parapluie que j'avais levé pour me défendre aussitôt après avoir reçu un coup de cravache, « l'ait attiré » ou « fait tomber » sur lui ; mais, dans ce cas, je n'ai pas frappé mon agresseur, ce que je regrette beaucoup parce que j'étais en état de légitime défense.

Fait à retenir : ni le témoin, ni M. Ridel n'ont précisé l'endroit du corps où mon adversaire avait été touché ! !

D'après la seconde version de ce témoin, je n'aurais plus « laissé tomber » mon parapluie sur M. Ridel, mais je l'aurais « frappé » le premier avec mon parapluie, infirmant ainsi sa première version. Pourquoi n'a-t-il pas donné cette version la première fois ? Interloqué par l'interpellation de l'avocat, il a dû répondre sans réfléchir ! Cette réponse irréfléchie s'explique d'autant mieux qu'étant à 30 mètres du lieu de la scène et lui étant caché par le corps de M. Ridel, il a dû être perplexe pour préciser instantanément les faits qui lui étaient demandés Pour ces motifs, il n'y a pas lieu de faire crédit à cette seconde version.

Sa seconde version eût-elle été exacte qu'il n'y aurait pas à en tenir compte davantage pour établir l'état de légitime défense de mon agresseur : le témoin Leray n'ayant pas assisté au commencement de la scène, comme je l'ai démontré plus haut.

Pourquoi aurais-je frappé le premier M. Ridel ? Je n'avais pas eu de difficultés avec lui, ni même de simples froissements ; nous ne nous étions jamais adressé la parole ; nous ne nous connaissions que de vue ; faits qu'il a reconnus dans l'instruction de faux.

8. — A l'audience du 7 mars 1906, M. le commissaire de police

Ratte a déclaré, sous serment, que mon chapeau et mon parapluie abandonnés sur le lieu de l'agression avaient été rapportés à son bureau en son absence, quinze jours après la scène. Ce magistrat n'a pas dit que mon parapluie était cassé ; s'il l'avait été, il n'aurait pas manqué de le déclarer d'abord parce que c'était un témoin à décharge de M. Ridel pour établir que j'avais frappé celui-ci et ensuite parce que je venais de lui faire un procès.

Je puis, au surplus, faire attester que mon parapluie n'était pas cassé par un ouvrier de M. Jolly déménageur à Laval, qui a été le retirer du bureau de police un des derniers jours d'avril 1906.

Voilà, encore, un fait qui démontre que je n'ai pas frappé M. Ridel et que si mon parapluie est « tombé » sur lui comme le dit son témoin à décharge Leray dans sa première version, c'est que M Ridel a dû « l'amener » sur lui en s'en emparant quand j'ai tenté de me défendre.

Il est incontestable que si j'avais frappé M. Ridel avec mon parapluie il se serait cassé étant donné ma force.

9. — Les assertions de M. Ridel sont contredites par *Le Courrier du Maine*, journal royaliste, mon adversaire politique. Elles sont aussi contredites par *La Mayenne*, journal clérical, également mon adversaire politique, qui serait plûtôt bienveillant pour M. Ridel, car il a publié intégralement une lettre de celui-ci pour laquelle je l'ai poursuivi en correctionnelle.

D'après *Le Courrier du Maine*, portant la date du 15 octobre 1905, M. Ridel, qui était dans son bureau, m'ayant vu passer, est sorti, tenant à la main une solide cravache avec laquelle il m'administra une correction pour lui avoir envoyé une lettre qu'il avait jugée injurieuse pour lui. Le journal ne dit pas que j'ai frappé mon agresseur d'un coup de parapluie ; il dit seulement que j'ai été frappé par M. Ridel parce que je lui avais envoyé une lettre que celui-ci avait jugée injurieuse (1) Le reporter a dû, avant de publier l'entrefilet sur l'agression, se renseigner et s'il n'a pas mentionné que j'avais frappé c'est qu'effectivement je n'avais pas frappé M Ridel.

La Mayenne du 14 octobre 1905, rapporte les faits de la même manière, mais ajoute que je n'avais fait que de me défendre après avoir été frappé dans la vespasienne (2).

Les assertions de M. Ridel sont sans fondement ; je viens de le démontrer.

Préméditation

10. — L'attentat dont j'ai été victime a-t-il été prémédité ?

Je le crois et je base ma croyance sur les faits suivants :

Après l'agression, le bruit se répandit en ville que M. Ridel avait acheté une cravache pour me corriger (3).

(1) L'article du *Courrier du Maine* est ainsi conçu :

« Aujourd'hui vendredi, vers deux heures, M. Ridel apercevant M. Eustache de la Cochar-« dière de la Marche, qui passait sous la fenêtre de son bureau, est sorti armé d'une solide « cravache et a administré une cuisante correction au publiciste qui naguère faisait une véri-« table débauche d'esprit à propos des « chemises Saint-Joseph ».

« Tout ce que nous savons sur les causes de cet incident c'est qu'une lettre jugée injurieuse « avait été envoyée par M. Eustache de la Cochardière de la Marche à M. Ridel. »

(2) L'article de *La Mayenne* est conçu dans les termes ci-après :

« M. Eustache de la Cochardière de la Marche, qui avait adressé à M. Ridel une lettre jugée « outrageante par ce dernier, se trouvait cet après-midi à la vespasienne de la rue Souchu-« Servinière. M. Ridel l'apercevant sortit aussitôt de son bureau, ayant à la main une solide « cravache dont il fit un serieux usage vis à vis de son adversaire qui se défendait avec son « parapluie et qu'il poursuivit jusqu'au Café des Arts. M. Eustache de la Cochardière de la « Marche, qui avait laissé dans la bagarre son chapeau et son parapluie, a quitté la place en « voiture. »

(3) Voir la déposition de Mme Bourry, page 13.

Avait-il acheté réellement une cravache comme on le prétend ? Sans rechercher si ce bruit est fondé, tout le monde a trouvé étrange qu'il ait eu dans son bureau de la rue Souchu-Servinière sa cravache plutôt que dans sa maison d'habitation située rue Crossardière ou dans son écurie s'il en a une ; car, lorsqu'on monte à cheval, c'est toujours devant sa maison d'habitation ou son écurie quand, comme M. Ridel, on n'a pas de valet de pied ou de cocher pour faire amener son cheval à son bureau.

C'est là un fait incontestablement certain.

M. Ridel n'a jamais été vu monter à cheval devant son bureau, sis rue Souchu-Servinière. Aussi, on peut croire avec raison qu'il avait apporté sa cravache dans son bureau de la rue Souchu-Servinière pour me cravacher parce que je passais quatre ou cinq fois par jour dans cette rue, tandis que je ne passais jamais dans la rue Crossardière où était sa maison d'habitation.

Si M. Ridel n'avait pas apporté exprès sa cravache dans son bureau de la rue Souchu-Servinière pour me frapper, il n'aurait pas manqué de faire attester par témoin qu'elle y était depuis longtemps. Il aurait ainsi démontré l'inanité du bruit qui circulait à Laval au sujet de l'achat de la cravache et établi, sur ce point, qu'il n'y avait pas eu de préméditation.

Comme il n'a produit aucun témoin c'est qu'il avait apporté sa cravache tout récemment pour me frapper. C'est logique.

11. — La lettre qu'il m'attribuait a avancé l'heure de l'agression qu'il préméditait contre moi d'après la rumeur publique (1).

A-t-elle été décachetée par lui quelques instants avant que je passe sous la fenêtre de son bureau, comme il le soutient, ou l'a-t-elle été 24 heures auparavant ? Examinons cela :

Le timbre de la poste apposé sur l'enveloppe renfermant cette lettre établit juridiquement qu'elle a été timbrée à la poste le 12 octobre 1905, à midi 20 minutes. Il s'en suit qu'elle a été remise le même jour, veille de l'agression, à la distribution de 3 heures de l'après-midi, dans la boîte aux lettres de M. Ridel, qui a dû jusqu'à preuve contraire la décacheter quelques instants après.

M. Ridel prétend qu'il n'était pas à son bureau ce jour-là et qu'il ne l'a décachetée que le lendemain, vers 2 heures de l'après-midi, quelques minutes avant que je passe sous la fenêtre de son bureau et que c'est sous l'impulsion de la colère provenant de sa lecture qu'il est sorti avec une cravache à la main.

A-t-il fait cette preuve ? Il a essayé, mais il ne l'a pas faite d'une manière certaine et indiscutable, comme on va le voir.

Il a cité, à l'audience, comme témoin, son employé M. Sauvé.

L'avocat de M. Ridel a posé, à ce témoin, la question suivante :

M. Ridel a-t-il, le 13 octobre, décacheté devant vous la lettre injurieuse ?

Réponse : M. Ridel a pris ses lettres dans sa boîte. Il a « ouvert » la lettre injurieuse devant moi et l'a lue à haute voix (2). M. de la Marche est arrivé quelques instants après, rasant le bureau de M. Ridel ; jamais il ne passait sur ce trottoir, il passait toujours de l'autre côté de la rue (3).

(1) Voir la déposition de Mme Bourry, page 13, rapportant qu'elle avait ouï dire que M. Ridel avait acheté une cravache pour me frapper.

(2) La lettre incriminée est arrivée cachetée à M. Ridel. L'enveloppe que j'ai vue chez le juge d'instruction le constate.

(3) Il fallait bien que je rase le bureau de M. Ridel, puisque j'allais uriner dans la vespasienne qui est à côté de son bureau. Ce n'était pas la première fois que je rasais le bureau de M. Ridel, car j'allais fréquemment uriner, depuis 7 ans que j'habitais Laval, dans cet urinoir qui est sur le chemin que je parcourais 4 ou 5 fois chaque jour. Ainsi, d'après le témoin Sauvé, ce serait la première fois qu'il m'aurait vu, pendant les 7 années que j'ai demeuré à Laval, aller à cet urinoir en rasant le bureau de M. Ridel ! !

Je fais remarquer que la boîte aux lettres est dans la porte du couloir du bâtiment où travaillaient MM. Ridel et Sauvé ; que le cabinet de M. Sauvé est d'un côté et le bureau de M. Ridel de l'autre ; et que c'est dans son bureau que M. Ridel, d'après son interrogatoire (1), a ouvert son courrier.

Le témoin Sauvé a-t-il accompagné M. Ridel pour retirer son courrier de sa boîte aux lettres et l'a-t-il ensuite suivi dans son bureau où il aurait ouvert la lettre incriminée et lui en aurait donné lecture ; — ou s'il s'est tenu, à distance, sur le seuil de la porte de son cabinet en attendant M. Ridel pour le suivre dans son bureau ?

Le témoin ne dit rien à cet égard,

Règle générale, pour retirer son courrier de sa boîte aux lettres on n'est jamais accompagné de personne. C'est une besogne qu'on fait seul. Le témoin ne dit pas non plus que parmi les lettres que M. Ridel avait retirées à ce moment-là de sa boîte aux lettres se trouvait celle qu'il prétendait avoir reçue de moi ; il dit seulement que M. Ridel a pris ses lettres dans sa boîte et a ouvert la lettre injurieuse devant lui et la lui a lue à haute voix ; d'où il suit que mon agresseur pouvait avoir reçu et décacheté la lettre dont il se plaint dès la veille et l'avoir dans sa main au moment où il retirait son courrier de sa boîte aux lettres.

Je fais observer, en outre, que l'avocat de l'inculpé avait demandé au témoin Sauvé si M. Ridel avait « décacheté » devant lui la lettre et que le témoin a répondu qu'il l'avait « ouverte » devant lui. Entre « ouvrir » une lettre et la « décacheter » il y a une différence. Quand on « ouvre » une lettre, elle est « décachetée ».

12. — Le Tribunal n'a pas été sans s'apercevoir que le surplus de la déposition de ce témoin révèle un état d'esprit haineux à mon égard, comme on peut s'en rendre compte par les lignes suivantes extraites de sa déposition :

Je connais M. de la Marche depuis longtemps ; et, depuis longtemps aussi, celui-ci me disait du mal de l'administration. Un jour au sujet de ses placards qui avaient été recouverts d'une affiche, il me fit des représentations. Je lui dis qu'il était fou. Il me répondit que je l'insultais.

A l'audience, ce témoin m'adressa une autre injure. Mon avocat la releva en disant qu'il n'avait pas le droit de m'insulter et que c'était intolérable.

Ainsi, voilà un témoin qui a juré de dire la vérité, sans haine, et qui m'insulte à l'audience!!

Une telle déposition n'est pas suffisante pour établir que M. Ridel avait « décacheté » (si le mot « ouvrir » a été employé dans le sens de « décacheter ») le 13 octobre 1905 la lettre dont il s'agit, quelques instants avant l'agression dont j'ai été victime.

Il eût fallu que mon agresseur établisse, par plusieurs témoins, qu'il n'était pas allé à son bureau du 12 octobre à midi au 13 octobre à deux heures de l'après-midi.

A l'audience, l'avocat de M. Ridel a dit que son client avait quitté Laval dans la matinée du 12 octobre sans nous dire où il avait été et qu'il n'était rentré à Laval que le lendemain 13 octobre, vers deux heures de l'après-midi quelques instants avant la scène. Pourquoi mon adversaire n'a-t-il pas fait établir cela par témoins ?

En n'appuyant par aucun témoignage son affirmation, il est difficile à M. Ridel de faire croire qu'il avait quitté Laval le 12 octobre dans la matinée et n'y était rentré que le lendemain vers 2 heures de l'après-midi.

(1) Voir l'interrogatoire de M. Ridel, page 15, dans lequel il dit qu'il a ouvert la lettre dans son bureau.

Son employé Sauvé n'a point dit dans sa déposition qu'il avait quitté Laval. Il devait pourtant le savoir! Serait-il donc venu à son bureau, et serait-ce pour cela que le témoin Sauvé n'a rien dit, ce fait étant facilement contrôlable? Mais si M. Ridel était à son bureau le 12 octobre il a dû forcément décacheter ce jour-là la lettre en question et ce ne serait donc pas quelques instants avant l'agression qu'il l'aurait décachetée, comme il le prétend pour sa défense.

13. — Enfin, M. Ridel a dit, dans son interrogatoire, ceci :

Le 13 octobre, vers 2 heures de l'après-midi, j'ai retiré de ma boîte aux lettres mon courrier « du jour ».

Il faut en conclure que le courrier « de la veille » (12 octobre) avait été retiré par lui auparavant, car il aurait dit qu'il avait retiré de sa boîte aux lettres son courrier « du jour et celui de la veille ». On dit, parfois, la vérité sans le vouloir!!

Or, dans le courrier « de la veille », retiré de sa boîte aux lettres le 12 octobre, après la distribution de 3 heures de l'après-midi, il a infailliblement découvert la lettre incriminée, puisque d'après le timbre de la poste, qui porte la date du 12 octobre midi 20 minutes, elle a été mise le même jour, vers 3 heures de l'après-midi, dans sa boîte aux lettres. Voilà des faits qui démontrent bien que je n'ai pas pu être l'agresseur.

14. — Le Tribunal, s'il n'était pas suffisamment édifié sur la culpabilité de M. Ridel, avait le devoir, dans le but de rechercher la vérité, d'ordonner d'office une enquête, et de commettre, à cet effet, le juge d'instruction de Laval, pour la faire, ou de renvoyer le procès à une audience ultérieure pour que les témoins qui auraient fait la lumière sur les points qui pouvaient lui paraître obscurs, soient cités.

Cette enquête était d'autant plus utile, si les juges n'étaient pas convaincus de la culpabilité de mon agresseur, que tout faisait présumer sa culpabilité.

Le tribunal n'a ordonné ni enquête, ni audition d'office de témoins.

ASSIGNATION. — ENQUÊTE. — JUGEMENT

Ma demande a été soutenue à l'audience par mon avocat, Me Chauveau, professeur de droit criminel à la Faculté de l'Etat de Rennes.

Les lecteurs croient, assurément, que mon adversaire a été condamné pour les coups qu'il m'a portés et les blessures qu'il m'a faites. C'est le contraire qui a eu lieu : M. Ridel est sorti indemne de l'audience, et c'est moi qui ai été condamné à tous les frais du procès.

Je passe, maintenant, à l'assignation, à l'enquête et au jugement.

Assignation

Les motifs et le dispositif de l'assignation sont ainsi libellés :

Attendu que M. Ridel a, volontairement, le 13 octobre 1905, porté des coups de cravache sur la tête, le cou et la joue de M. Eustache de la Cochardière de la Marche ; que ces coups ont occasionné une hémorragie ; que M. Ridel a poursuivi sa victime, cravache en main, jusqu'au café des Arts.

Attendu que ces faits, qui constituent le délit de coups et blessures prévu et réprimé par les art. 309 et 311 du Code pénal, ont causé à M. Eustache de la Cochardière de la Marche un grave préjudice dont il est bien fondé à demander réparation et qu'il convient de lui allouer de ce chef une indemnité de 1.000 francs.

Par ces motifs :

S'entendre, M. Ridel, condamner, sur la réquisition du ministère public, aux peines prévues par les art. 3'9 et 311 du Code pénal ;

S'entendre, en outre, condamner à payer, à titre de dommages-intérêts, une somme de 1.000 francs à M. Eustache de la Cochardière de la Marche ;

S'entendre enfin condamner aux dépens.

Enquête

Le procès-verbal d'enquête est rapporté ci-après in extenso :

Notes sommaires prises par le commis greffier soussigné à l'audience publique du 7 mars 1906 où siégeaient MM. Bordeaux-Desbarres, président, Bouessée et Trouillard, juges, en présence de M. Pittié, substitut du procureur de la République et en assistance de M. Faucheux, commis-greffier.

Après lecture de l'assignation donnée par Me Chauveau, le président procède à l'audition des témoins comme suit :

1er témoin

Bourry, Mélanie, âgée de 35 ans, journalière à Laval.

Je ne sais rien de l'affaire Ridel ; je n'ai pas vu porter de coups.

Sur interpellation de Me Chauveau :

D. — Avez-vous vu M. de la Marche alité ?

R. — Je l'ai vu couché trois jours après. Il avait des coups sur la tête, bien marqués.

D. — Avez-vous entendu dire que Ridel avait acheté une cravache pour en frapper de la Marche.

R. — Je l'ai entendu dire 3 ou 4 semaines après les coups.

D. — Etait-ce avant ou après la scène ?

R. — Je ne me rappelle plus au juste ; je crois cependant que c'était avant les coups.

D. — Avez-vous accompagné la bonne de de la Marche pour réclamer le chapeau et le parapluie de celui-ci à la police ?

R. — Oui, mais on nous a répondu qu'il n'y avait ni parapluie, ni chapeau de déposés.

D. — Fréquentez-vous la maison de de la Marche ?

R. — Je suis amie de la bonne ; je vais avec elle 3 ou 4 fois par semaine.

2e témoin

Letort, Auguste, âgé de 45 ans, docteur-médecin à Laval.

Le 13 octobre dernier, M. de la Marche vint me voir. J'ai constaté qu'il portait une contusion sur le cuir chevelu, bien marquée, et une autre contusion sur la lèvre supérieure et à l'intérieur. Il a dû garder la chambre pendant 10 à 15 jours. Les blessures n'étaient pas graves.

3e témoin

Chartier, Pierre-Henri-Jean-Louis, âgé de 38 ans, épicier à Laval.

Je n'ai rien vu, rien entendu.

Sur interpellation de Me Chauveau.

D. — Avez-vous entendu dire que Ridel avait acheté une cravache pour donner une correction à de la Marche ?

R. — Non.

4e Témoin

Rossais, Victor, âgé de 28 ans, jardinier à Laval.

J'étais chez moi, je n'ai rien entendu.

Sur interpellation de Me Chauveau.

D. — Avez-vous entendu dire que Ridel avait acheté une cravache pour donner une correction à de la Marche ?

Le témoin remet au Président une lettre de de la Marche à lui adressée le 22 janvier 1906 dans laquelle celui-ci écrit : « Vous m'avez dit, en présence de ma « domestique, que vous avez entendu dire que je m'étais sauvé après l'agression « de M. Ridel, mon pantalon déboutonné d'où sortait ma chemise, et que M. Ridel « avait acheté une cravache pour me corriger. Avez-vous entendu dire autre « chose depuis ? »

Je lui ai dit que je ne connaissais rien de plus que ce que j'avais lu dans les journaux.

5e Témoin

Chesne, Pierre, âgé de 54 ans, facteur des postes à Laval.

Le 13 octobre, j'ai vu M. de la Marche traverser la place de la Mairie en courant.

Sur interpellation.

Je ne sais pas pourquoi il courait ainsi. Je prenais mon service à la poste. J'ai vu M. Ridel derrière lui, mais je n'ai pas vu ce qu'il avait à la main.

6e Témoin

Bourné, Auguste-Louis, âgé de 46 ans, limonadier à Laval.

Le 13 octobre, vers 2 heures de l'après-midi, je faisais mes écritures quand un homme entra dans mon café et ferma la porte en s'arcboutant. Un rassemblement se forma aussitôt devant la porte de mon café. L'homme qui était entré chez moi était M. de la Marche; son pantalon était déboutonné.

M. Ridel était dans la foule; il avait un parapluie à la main.

7e Témoin

Grusse, Joséphine, âgée de 43 ans, femme Bourné, sans profession à Laval (femme du précédent témoin).

J'ai vu M. de la Marche entrer dans le café et c'est tout.

Sur interpellation de Me Chauveau.

D. — Etait-il blessé ?

R. — Je ne l'ai pas remarqué.

8e Témoin

Lepont, Alphonse, âgé de 38 ans, loueur de voitures à Laval. Le 13 octobre j'ai conduit M. de la Marche chez le docteur lorsqu'il a été blessé. Il saignait à la bouche un peu.

9e Témoin

Lesegretain, Georges-Joseph, âgé de 31 ans, pharmacien à Laval.

Le 13 octobre, M. de la Marche est arrivé chez moi, la figure ensanglantée. Je l'ai engagé à se laver et à aller voir un médecin. C'était immédiatement après l'incident.

1er Témoin à décharge

Leray, Louis, âgé de 34 ans, facteur des postes à Laval.

Le 13 octobre, j'ai aperçu le parapluie de M. de la Marche tomber sur M. Ridel, et j'ai vu celui-ci flanquer une correction à M. de la Marche. Cela se passait aux piscines, en face du bureau de police. J'étais à côté de la poste.

Sur interpellation de Me Chauveau :

Je maintiens ce que j'ai dit. Je persiste à dire que j'ai vu M. de la Marche frapper le premier (1).

2e témoin à décharge

Sauvé, Emile, âgé de 49 ans, dessinateur à la mairie de Laval.

Je connais M. de la Marche depuis longtemps ; et depuis longtemps aussi celui-ci me disait du mal de l'administration.

Un jour, au sujet de ses placards qui avaient été recouverts d'une affiche, il me fit des représentations. Je lui dis qu'il était fou. Il me répondit que je l'insultais. J'ajoutai que je n'étais pas là pour surveiller ses affiches.

Sur interpellation de Me Dominique :

D. — M. de la Marche ne vous a-t-il pas demandé des renseignements sur le traitement des employés, disant : « Ce sont des gros bonnets qui sont trop payés » ?

R. — C'est exact. Il a même ajouté qu'il ferait des articles dans les journaux. C'était le samedi d'avant la rixe.

D. — M. Ridel a-t-il, le 13 octobre, décacheté devant vous la lettre injurieuse ?

R. — M. Ridel a pris ses lettres dans sa boîte. Il a ouvert la lettre injurieuse devant moi et l'a lue à haute voix.

M. de la Marche est arrivé quelques minutes après, rasant le bureau de M. Ridel. Jamais habituellement il ne passait sur ce trottoir ; il passait toujours sur l'autre côté de la rue (2).

3e témoin à décharge

Ratte, Paul, âgé de 43 ans, commissaire de police à Laval.

D. — Dans quelles conditions le chapeau et le parapluie de M. de la Marche ont-ils été déposés à votre bureau ?

R. — C'était 15 ou 16 jours après la scène. Je ne sais pas qui a apporté ces objets ; c'était en mon absence. Ils y sont encore (3).

D. — Est-ce que M. de la Marche ne faisait pas des attaques contre tous ?

R. — C'est de notoriété publique. C'est écœurant ce que j'ai reçu de lettres anonymes. — Depuis que je suis à Laval, j'en ai vu de toutes les couleurs (4).

Partout, il y a eu des affiches contre des magistrats, contre moi, contre des officiers ministériels.

(1) Voir mes réflexions, n° 7.

(2) Voir mes réflexions, nos 6, 11 et 12.

(3) Voir mes réflexions, n° 8.

(4) Au lieu de se plaindre d'avoir reçu des lettres anonymes de toutes les couleurs, fait commun à tous les gens et qui n'a aucune importance, il aurait été préférable qu'il dise au tribunal ce qu'était devenue la note comminatoire du 8 juillet 1905, sur laquelle a été décalquée ma signature qui a été mise au bas de la lettre envoyée à M. Ridel.

Interrogatoire

D. — Quels sont vos nom, prénoms, âge, profession, demeure, date et lieu de naissance? Quels sont les noms et prénoms de vos père et mère? Etes vous marié? Avez-vous des enfants et combien? Avez-vous été condamné?

R. — RIDEL, Léopold-Joseph, âgé de 54 ans, architecte à Laval, né le 17 février 1852 à Nantes, fils de René Narcisse et de Perrine Blain, marié, sans enfant, jamais condamné.

D. — Vous êtes prévenu d'avoir, le 13 octobre 1905, à Laval, volontairement porté des coups et fait des blessures au sieur Eustache de la Cochardière de la Marche

R. — Le 13 octobre, vers deux heures de l'après-midi, j'ai retiré de ma boîte aux lettres mon courrier du jour. J'ai ouvert mes lettres à mon bureau. Il y en avait une qui était injurieuse à mon égard signée Eustache de la Cochardière de la Marche.

A ce moment passa près de mon bureau M. de la Marche qui s'arrêta à l'urinoir. Je sortis indigné avec une cravache et je lui dis « Est-ce vous, salopiau, qui avait fait cette chose-là? ».

Il me répondit par un coup de parapluie et je ripostai par un coup de cravache.

J'affirme que c'est lui qui, le premier, m'a frappé d'un coup de parapluie; et que ce n'est qu'après l'avoir désarmé que je lui ai flanqué des coups de cravache (1).

Mᵉ Chauveau, avocat du demandeur, persiste dans les conclusions de son assignation.

Mᵉ Dominique, avocat, a présenté la défense du prévenu et à conclu à son acquittement.

Le ministère public a également conclu à l'aequittement du prévenu.

Le Tribunal met l'affaire en délibéré et renvoie jugement à demain.

(Signé) FAUCHEUX.

Vu et visé les présentes notes d'audience.
A Laval, le 7 mars 1906,
(Signé) BORDEAUX-DESBARRES.

Jugement

Les motifs et le dispositif du jugement sont ci-après rapportés intégralement :

Attendu que si quelques-uns des témoins cités à la requête d'Eustache de la Cochardière de la Marche ont constaté des traces de coups sur sa personne ou l'ont vu s'enfuir poursuivi par Ridel, aucun d'entre eux n'a vu donner les coups dont il se plaint, ni pu donner d'explications sur les conditions dans lesquelles ils auraient été portés.

Attendu que seuls les témoins cités par Ridel et notamment les témoins Sauvé et Leray, sont venus raconter les origines de la scène et la façon dont elle s'était passée, confirmant, d'ailleurs, en entier les déclarations de ce dernier.

Attendu que de leurs dépositions résultent, en effet, les faits suivants :

Le 13 octobre dernier, vers deux heures, Ridel rentrait à son bureau et en dépouillant son courrier y trouvait une lettre ignoble signée du nom d'Eustache de la Cochardière de la Marche. Il avait à peine fini de la lire qu'il apercevait sous ses fenêtres ce dernier qui le regardait en ricanant.

Se précipitant alors hors de son cabinet, il s'avançait sur Eustache de la Cochardière de la Marche pour lui demander s'il était bien l'auteur de cette lettre, mais pour toute réponse ce dernier lui portait un coup de parapluie sur la tête auquel il ripostait d'un coup de cravache.

Une lutte s'engageait alors entr'eux au cours de laquelle Ridel portait encore trois ou quatre coups de cravache à son adversaire, et le désarmait, puis ce dernier s'enfuyait à ce moment et allait se réfugier au Café des Arts jusqu'à la porte duquel Ridel le suivait mais sans le frapper.

Attendu que, de ces faits, il résulte non seulement que Ridel n'a agi que sous le coup de la légitime indignation que lui inspirait la lettre qu'il avait reçue et de la croyance qu'il avait et que les circonstances semblaient justifier de la culpabilité du plaignant, mais encore qu'il n'a frappé ce dernier qu'après avoir été frappé lui même et pour sa défense personnelle.

Par ces motifs :

Relaxe Ridel des fins de la poursuite sans dépens.

Condamne Eustache de la Cochardière de la Marche en tous les dépens.

Ainsi jugé et prononcé, le jeudi 8 mars 1906, en l'audience publique du Tribunal correctionnel séant à Laval, où siégeaient MM. Bordeaux-Desbarres, président, Bouessée et Trouillard, juges.

(1) Voir mes réflexions, nᵒˢ 2 à 14 et page 16 et suivantes.

Plainte contre les Juges qui ont rendu ce Jugement

J'ai démontré par des arguments inéluctables que je n'avais pu être l'agresseur. Bien que je ne l'aie pas eté, je vais pour le cas où on voudrait quand même me considérer comme l'agresseur prouver d'une façon irréfutable que le Tribunal en acquittant M. Ridel a commis envers moi une iniquité.

I

Le Tribunal dit que : « *Le 13 octobre dernier, vers deux heures,* « *Ridel rentrait à son bureau et en dépouillant son courrier y* « *trouvait une lettre ignoble signée du nom d'Eustache de la Cochar-* « *dière de la Marche.* »

A cette affirmation, je réponds :

La lettre que M. Ridel a reçue, dont je ne suis pas l'auteur comme l'ont établi l'ordonnance de non-lieu et le rapport des experts, n'est point une lettre ignoble; elle n'est même pas injurieuse. Elle contient un ramassis de faits sans importance qui ne portent atteinte ni à son honneur, ni à sa considération. Sans doute, elle révèle des faits dont quelques-uns pouvaient peut-être blesser son amour-propre Mais son amour-propre, quelque haut qu'il fût placé, n'a guère été froissé puisque la lettre était privée. Il n'en aurait été autrement que si elle avait été publique.

La preuve que cette lettre n'est pas ignoble c'est que M. Ridel l'a lue à haute voix à son employé le sieur Sauvé (1). On ne donne pas, en effet, lecture à quelqu'un d'une lettre dans laquelle on est recouvert d'opprobres, à moins de n'avoir pas conscience de ce qu'on fait. Comme M. Ridel n'est pas, heureusement pour lui, dans cet état il a, en donnant lecture de la lettre à son subordonné, reconnu par ce fait qu'elle ne le blessait pas beaucoup.

Les autorités judiciaires pourront, en se la faisant communiquer, se rendre compte qu'elle ne comporte point l'expression flétrissante d'ignoble dont le Tribunal l'a qualifiée.

Le Tribunal a-t-il manqué à ses devoirs professionnels en qualifiant d'ignoble cette lettre en vue d'arriver à l'acquittement de M. Ridel et tombe-t-il sous l'action disciplinaire ? Je saisis le Gouvernement de ce fait pour l'apprécier et M. le Ministre de la Justice pour déférer, ensuite, s'il leur plaît, les juges au Conseil supérieur de la Magistrature érigé par l'article 13 de la loi du 30 août 1883.

II

Le Tribunal dit après ; « *Ridel avait à peine fini de lire la lettre* « *qu'il apercevait sous ses fenêtres ce dernier (E. de la Cochardière de* « *la Marche) qui le regardait en ricanant.* »

A cette affirmation, je réponds :

Je n'ai point ricané.

Où le Tribunal a-t-il entendu dire que je ricanais en passant sous les fenêtres du bureau de M. Ridel ?

Aucun témoin n'a raconté cela. M. Ridel, lui-même, qui avait pourtant tout intérêt à se décharger, ne l'a pas même dit dans son interrogatoire parce qu'il ne m'avait pas vu ricaner.

(1) Voir la déposition du témoin Sauvé, page 14.

Le procès-verbal d'enquête et d'interrogatoire (1) dressé par le greffier, vu et visé par le président du Tribunal ne contient rien de pareil (2).

Si un témoin, ou M. Ridel, avait déclaré que je ricanais en passant sous les fenêtres du bureau de ce dernier, le greffier l'aurait consigné dans son procès-verbal parce que c'est un fait important qui tendait à atténuer la culpabilité de l'accusé. Or, tout fait important est toujours consigné par le greffier dans son procès-verbal, par application des articles 189 et 155 du C. I. C. De son côté, le Président du Tribunal n'aurait pas manqué, avant d'apposer son visa sur le procès-verbal du greffier, de l'y faire mentionner, s'il l'avait entendu, parce que c'était son devoir strict : un procès-verbal d'enquête et d'interrogatoire étant la pièce unique sur laquelle s'appuye la Cour pour reformer ou confirmer, en cette matière, un jugement frappé d'appel.

A quel homme sensé fera-t-on croire que je suis passé sous les fenêtres du bureau de M. Ridel en ricanant puisque je ne suis pas l'auteur de la lettre ainsi que cela est établi par une ordonnance de non-lieu du juge d'instruction et par un rapport d'experts ?

On ne ricane pas à la face de quelqu'un quand on ne lui a pas fait une saleté.

Le Tribunal en insérant dans un jugement une chose qui n'a été rapportée par aucun témoin at-il commis un faux ? Le Gouvernement aura à statuer sur ce fait que je lui défère, et la Cour de Cassation à le trancher, s'il lui est soumis, par application de l'article 80 de la loi du 27 Ventose, an VIII.

Si le Tribunal n'a pas commis de faux a-t-il commis un acte punissable et tombe-t-il sous l'action disciplinaire ? Je saisis le Gouvernement de ce fait pour l'apprécier et M. le Ministre de la Justice pour déférer ensuite les juges, s'il lui plaît, au Conseil Supérieur de la Magistrature érigé par l'article 13 de la loi du 30 août 1883.

III

Le Tribunal dit ensuite : « *Ridel se précipitant alors hors de son* « *cabinet, s'avançait sur Eustache de la Cochardière de la Marche* « *pour lui demander s'il était bien l'auteur de cette lettre, mais pour* « *toute réponse ce dernier lui portait un coup de parapluie sur la* « *tête auquel il ripostait d'un coup de cravache.* »

A cette affirmation, je réponds :

M. Ridel ne m'a point demandé si j'étais l'auteur de la lettre. Aucun témoin n'a dit à l'audience qu'il me l'avait demandé. Seul, mon agresseur dans son interrogatoire le dit pour donner sans doute une cause au coup de parapluie qu'il prétend que je lui aurais donné le premier. Mais la déclaration d'un inculpé n'a aucune valeur en justice quand elle a pour but de l'innocenter ; s'il en était autrement, les coupables seraient toujours acquittés !! Le Tribunal ne devait, donc, pas en tenir compte.

J'ai démontré plus haut (3) — bien que cette preuve ne m'incombe pas — que M. Ridel ne m'avait pas demandé si j'étais l'auteur de la lettre.

(1) Dans certains tribunaux on appelle ce procès-verbal « notes d'audience ».
(2) Voir le procès-verbal d'interrogatoire, page 43 et suivantes.
(3) Voir mes explications, n° 7, A.

Le Tribunal, en affirmant dans son jugement pour l'intérêt de M. Ridel une chose qui n'a été rapportée par aucun témoin à l'effet de donner une cause à mon prétendu coup de parapluie, a-t-il commis un faux ? Le Gouvernement aura à statuer sur ce fait que je lui défère, et la Cour de Cassation à le trancher, s'il lui est soumis, par application de l'article 80 de la loi du 27 Ventose an VIII.

Si le Tribunal n'a pas commis de faux a-t-il commis un acte punissable et tombe-t-il sous l'action disciplinaire ? Je saisis le gouvernement de ce fait pour l'apprécier et M. le Ministre de la Justice pour déférer ensuite, s'il lui plaît, les juges au Conseil supérieur de la Magistrature érigé par l'article 13 de la loi du 30 août 1883.

IV

Le Tribunal s'exprime ensuite ainsi : « *Une lutte s'engageait alors* « *entr'eux (E. de la Cochardière de la Marche et Ridel) au cours de* « *laquelle Ridel portait encore trois ou quatre coups de cravache à son* « *adversaire, et le désarmait, puis ce dernier s'enfuyait à ce moment et* « *allait se réfugier au Café des Arts jusqu'à la porte duquel Ridel le* « *suivait mais sans le frapper.* »

A cette affirmation, je réponds :

La scène ne s'est point passée telle que le Tribunal le proclame dans son jugement. Aucun témoin n'a dit que M. Ridel m'avait d'abord frappé de trois ou quatre coups de cravache, et désarmé ensuite.

C'est tout le contraire qui a eu lieu : M. Ridel m'a d'abord désarmé, et frappé ensuite de coups de cravache. C'est lui-même qui le dit formellement dans son interrogatoire que lui a fait subir le président du Tribunal à l'audience. On lit, en effet, dans le procès-verbal d'interrogatoire dressé par le greffier, vu et visé par le président du Tribunal, ceci :

J'affirme que c'est bien lui (E. de la Cochardière de la Marche) qui, le premier, m'a frappé d'un coup de parapluie; et que ce n'est qu'après l'avoir désarmé (1) que je lui ai flanqué des coups de cravache.

Je retiens cet aveu.

Ainsi, il est établi d'une manière irréfutable, par l'accusé lui-même, que « ce n'est qu'après m'avoir désarmé qu'il m'a frappé des coups de cravache ».

Or, après m'avoir désarmé, il n'était plus en état de légitime défense puisque je n'avais plus rien dans les mains pour me défendre et que je me suis enfui au café des Arts pour éviter ses coups de cravache.

En me frappant à ce moment là, il a commis non seulement un délit, mais encore... Je laisse aux lecteurs le soin de qualifier, comme il convient, un tel acte.

Le Tribunal savait parfaitement qu'après m'avoir désarmé, il n'était plus en état de légitime défense et qu'il devait le condamner pour coups et blessures. Aussi, pour l'acquitter, a-t-il audacieusement dénaturé la vérité en disant que M. Ridel m'a porté, au cours de la lutte, 3 ou 4 coups de cravache, et désarmé ensuite. S'il en avait été ainsi, M. Ridel pouvait se trouver en état de légitime défense. Mais mon agresseur a dit, formellement, dans son interrogatoire, qu'il m'avait d'abord désarmé, ce qui est la vérité, puis frappé de coups de cravache. Il n'était pas, par conséquent, en état de légitime

(1) Par ce mot « désarmé », M. Ridel entend dire qu'il m'avait enlevé mon parapluie.

défense quand il m'a frappé de 3 ou 4 coups de cravache. Acquitté dans ces conditions, M. Ridel pourra recommencer, sûr d'avance de l'impunité !!

Je n'aurais jamais cru qu'il pût y avoir des magistrats à juger de la sorte.

Le Tribunal a-t-il commis un faux en ne jugeant pas conformément à l'aveu de M. Ridel pour pouvoir me débouter de ma demande, aveu constaté par le procès-verbal d'enquête et d'interrogatoire rédigé par le greffier, procès-verbal qui fait foi en justice jusqu'à inscription de faux et contre lequel le président du Tribunal ne saurait s'inscrire en faux, l'ayant « vu et visé », ainsi que le prouve cette mention « vu et visé » suivie de sa signature ? — Le Gouvernement aura à statuer sur ce fait que je lui défère, et la Cour de Cassation à le trancher, s'il lui est soumis, par application de l'art. 80 de la loi du 27 ventôse an VIII.

Si le Tribunal n'a pas commis de faux a-t-il commis un acte punissable et tombe-t-il sous l'action disciplinaire ? — Je saisis le Gouvernement de ce fait pour l'apprécier, et M le Ministre de la Justice pour déférer ensuite les juges, s'il lui plait, au Conseil supérieur de la Magistrature érigé par l'art. 13 de la loi du 30 août 1883.

V

Le Tribunal ajoute : « *que, de ces faits, il résulte non seulement que* « *Ridel n'a agi que sous le coup de la légitime indignation que lui ins-* « *pirait la lettre qu'il avait reçue et de la croyance qu'il avait et que les* « *circonstances semblaient justifier de la culpabilité du plaignant,* « *mais encore qu'il n'a frappé ce dernier qu'après avoir été frappé lui-* « *même et pour sa défense personnelle* ».

A cette affirmation, je réponds :

En droit, l'indignation n'est légitime qu'autant que le fait sur lequel elle est basée est exact. En dehors de ce cas, l'indignation n'est pas légitime.

L'indignation de M. Ridel n'est point une indignation légitime puisqu'elle repose sur une lettre dont je ne suis point l'auteur, fait établi par une expertise et une ordonnance de non-lieu.

Pouvait-elle, néanmoins, quoiqu'elle ne fût pas légitime, atténuer quelque peu l'agression de M. Ridel ?

Je ne le pense pas. Il suffira aux lecteurs de se reporter à mes explications, pages 4 à 12, pour s'en convaincre, en raison des dépositions, des circonstances et des présomptions graves, précises et concordantes faisant croire que M. Ridel avait projeté un attentat contre moi.

Quant à la défense personnelle de M. Ridel invoquée par le Tribunal pour justifier les 3 ou 4 coups de cravache dont il m'a frappé, j'ai démontré ci-dessus, page 18, où les lecteurs sont priés de se reporter, qu'il n'était pas, lorsqu'il me les a portés, en état de légitime défense.

Désarmé par lui de mon parapluie avant qu'il me frappe, je ne pouvais plus, en effet, me défendre, et il ne me restait plus qu'à me sauver pour éviter d'être tué, car il frappait terriblement fort. C'est ce que je fis. Je m'enfuis, en courant, au café des Arts, jusqu'où mon agresseur me poursuivit, la cravache à la main.

VI

Conclusion

Comme on l'a vu plus haut, j'ai été battu et comme conséquence alité pendant 6 jours ; j'ai eu mes vêtements détériorés par le sang qui a coulé durant deux heures de ma blessure ; j'ai eu à payer des visites de médecins, des médicaments, etc., sans toucher d'indemnité de M. Ridel. Bien mieux, j'ai été condamné à tous les frais du procès !! Conséquence forcée, dira-t-on, puisque ma demande a été rejetée. Soit, mais je constate que j'ai payé tous les frais du procès ! !

DEUXIÈME PROCÈS. — DIFFAMATION

Exposé des faits et motifs de l'action judiciaire de M. E. de la Cochardière de la Marche contre M. Ridel et autres

La Mayenne du 14 octobre 1905, l'*Echo de la Mayenne* du 15 octobre 1905 et le *Journal de Laval* du 15 octobre 1905 ayant annoncé que l'agression dont j'ai été victime avait été motivée par une lettre odieuse que j'avais envoyée à M. Ridel, j'informai les gérants de ces journaux que je n'en étais pas l'auteur par une lettre qu'ils publièrent et qui est ainsi conçue :

Monsieur, en racontant l'agression dont j'ai été victime hier, vous avez dit que j'avais adressé à M. Ridel une lettre qu'il avait jugé outrageante pour lui.

Votre bonne foi a été surprise : je ne lui ai pas envoyé de lettre, ni écrit ; je ne lui ai même jamais adressé la parole ; et je n'ai jamais mal parlé de lui. Aussi, je ne m'explique pas son agression.

La justice sera saisie dès que je serai en état de rédiger une plainte.

Malgré ma dénégation et l'annonce que la justice serait saisie dès que je serais rétabli, ils publièrent une lettre diffamatoire que M. Ridel leur envoya, lettre dans laquelle celui-ci m'attribuait quand même la paternité de la lettre que je répudiais.

La lettre de M. Ridel, qu'ils publièrent, est ainsi libellée :

Monsieur, en réponse à la lettre que vous a adressée M. Eustache de la Cochardière de la Marche, le 14 octobre, je ne puis vous dire qu'une chose : c'est que le jour même de l'incident et quelques instants avant qu'il se produisit, je recevais une lettre odieuse signée Eustache de la Cochardière de la Marche que je tiens, jusqu'à nouvel ordre, pour l'œuvre de ce dernier. Je conserve avec soin cette lettre.

La publication de la lettre de M. Ridel était un acte méchant, fait avec l'intention de me nuire. Cette publication était d'autant plus méchante que j'avais, dans un écrit paru auparavant dans les journaux poursuivis, dénié formellement être l'auteur de la lettre signée de mon nom que M. Ridel avait reçue.

Assignation

L'insertion de cette lettre dans les journaux *La Mayenne*, l'*Echo de la Mayenne*, et le *Journal de Laval* m'ayant porté préjudice, j'ai assigné devant le Tribunal correctionnel de Laval M. Ridel et les gérants de ces journaux. Les motifs et le dispositif de l'assignation sont conçus dans les termes suivants :

Attendu que la lettre de M. Ridel contient une diffamation ; qu'en effet l'auteur de la lettre reproche à M. Eustache de la Cochardière de la Marche de lui avoir écrit une lettre odieuse ; que c'est là l'imputation d'un fait précis portant atteinte à son honneur et à sa considération ;

Attendu que si on ne voyait pas dans cette lettre une diffamation, il faudrait au moins voir, dans le reproche adressé à M. Eustache de la Cochardière de la Marche, une injure ;

Attendu que M. Chailland gérant de *La Mayenne*, M. Miard gérant de l'*Echo de la Mayenne* et M. Lelièvre gérant du *Journal de Laval* ont, comme auteurs principaux et M. Ridel comme complice, commis le délit de diffamation, ou tout au moins le délit d'injure, infractions prévues et réprimées par les art. 29, 32, 33 et 42 de la loi du 29 juillet 1881.

Par ces motifs :

S'entendre condamner, MM. Chailland, Miard, Lelièvre et Ridel, sur les réquisitions du ministère public, aux peines édictées par l'art. 32 de la loi du 29 juillet 1881 pour délit de diffamation ; et subsidiairement pour le cas où le Tribunal dirait qu'il n'y a pas diffamation, par l'art. 33 de la même loi pour délit d'injure ; et, en outre, chacun des gérants en 1.000 francs de dommages-intérêts et M. Ridel en 2.000 francs de dommages-intérêts ; plus en tous les dépens.

Ma demande fut soutenue par Me Chauveau qui avait, auparavant, plaidé mon action pour coups et blessures contre M. Ridel.

Défense de M. Ridel

L'avocat de M. Ridel répondit que la lettre de son client n'était qu'une réponse à la mienne qu'il avait le droit de faire.

Jugement

Les motifs et le dispositif de ce surprenant jugement, rendu contre tous droits et toute justice, sont ci-après rapportés :

Considérant que la lettre à raison de laquelle les gérants des journaux *La Mayenne*, l'*Echo de la Mayenne* et le *Journal de Laval* sont poursuivis comme auteurs principaux du délit de diffamation ou d'injure avec Ridel comme complice n'est qu'une réponse à une lettre adressée par Eustache de la Cochardière de la Marche aux mêmes journaux ; que, dans cette lettre, ce dernier essayait d'insinuer que Ridel était sans excuse pour l'avoir frappé ; qu'il déclarait, en effet, qu'il n'avait jamais écrit à Ridel, qu'il n'avait jamais dit de mal de lui et qu'il ne le connaissait même pas ; qu'en présence de cette insinuation malveillante Ridel avait bien le droit de protester et d'affirmer que le jour même de l'incident et quelques instants avant qu'il se produisît, il avait reçu une lettre odieuse signée Eustache de la Cochardière de la Marche et qu'il la tenait, jusqu'à nouvel ordre, pour l'œuvre de ce dernier ; — qu'en qualifiant d'odieuse la lettre par lui reçue et qui, au reste, n'était qu'un tissu de méchancetés et d'infamie, Ridel pas plus que les gérants des journaux poursuivis en la reproduisant ne se sont point rendus coupables du délit de diffamation ou d'injures ; — que, pour qu'il en fût ainsi, il aurait fallu de la part du demandeur établir l'intention de nuire, élément essentiel du délit, ce qui ne se rencontre point dans l'espèce, Ridel ayant usé tout simplement du droit de réponse et même dans des termes modérés.

Considérant que, dans ces conditions, il y a lieu de renvoyer les défendeurs des fins de la poursuite sans peine ni dépens.

Par ces motifs :

Renvoie les gérants des journaux *La Mayenne*, l'*Echo de la Mayenne* et le *Journal de Laval* ainsi que Ridel des fins de la poursuite sans peine ni dépens.

Condamne Eustache de la Cochardière de la Marche en tous les dépens.

Ainsi jugé et prononcé, le jeudi 8 mars 1906, en audience publique du Tribunal correctionnel de Laval, où siégeaient MM. Bordeaux-Desbarres, président, Bouessée et Trouillard, juges.

Plainte contre les Juges qui ont rendu ce jugement

Le Tribunal en me déboutant de ma demande judiciaire a commis envers moi une iniquité. Je vais le démontrer.

I

Le Tribunal dit : « *Considérant que la lettre à raison de laquelle les* « *gérants des journaux..... sont poursuivis comme auteurs principaux*

« du délit de diffamation ou d'injure avec Ridel comme complice « n'est qu'une réponse à une lettre adressée par Eustache de la Cochar- « dière de la Marche aux mêmes journaux ; — que, dans cette lettre, ce « dernier essayait d'insinuer que Ridel était sans excuse pour l'avoir « frappé ; qu'il déclarait, en effet, qu'il n'avait jamais écrit à Ridel, « qu'il n'avait jamais dit du mal de lui, et qu'il ne le connaissait même « pas ; — qu'en présence de cette insinuation malveillante, Ridel avait « bien le droit de protester et d'affirmer que, le jour même de l'incident « et quelques instants avant qu'il se produisît, il avait reçu une lett la « odieuse signée Eustache de la Cochardière de la Marche, et qu'il re « tenait, jusqu'à nouvel ordre, pour l'œuvre de ce dernier. »

Par cette phrase filandreuse, le Tribunal prétend que j'avais provoqué M. Ridel par ma lettre aux journaux et que, par suite, il avait bien le droit de me répondre comme il l'a fait.

A cela, je réponds :

Je n'ai point provoqué M. Ridel ; j'ai seulement répondu aux articles des journaux inspirés par mon agresseur ou par ses amis auxquels il avait raconté le motif de son agression.

Il ne saurait y avoir de doute que c'est de M. Ridel qu'est partie l'assertion qu'il m'avait frappé pour se venger de la lettre signée de mon nom qu'il avait reçue : car personne autre que lui et le faussaire ne savaient, à l'origine, qu'il avait reçu cette lettre, mais le faussaire s'est bien gardé de s'en vanter !

Après ma réponse, l'incident était clos. M. Ridel n'avait pas logiquement à y revenir en disant dans les mêmes journaux ce qui avait déjà été inséré sous la forme d'une nouvelle.

Le Tribunal, en proclamant que j'avais provoqué M. Ridel par ma lettre dans laquelle je déniais être l'auteur de celle signée de mon nom que ce dernier avait reçue, ne fait reposer sa décision sur aucune base juridique puisque, je le répète, je n'ai fait que de répondre aux articles des journaux inspirés directement ou indirectement par mon adversaire.

S'il y avait eu provocation de ma part, elle ne pourrait servir d'excuse à la lettre de M. Ridel. Je vais le prouver :

En matière de diffamation, le prévenu ne peut invoquer la provocation comme excuse, serait-elle même une réponse à une interpellation. La loi du 29 juillet 1881 l'a restreinte à l'injure dans son art. 33. La jurisprudence de la Cour de cassation est formelle à cet égard (1).

Or, la lettre de M. Ridel est diffamatoire, puisqu'il m'accuse de lui avoir envoyé une lettre odieuse. Il dit, en effet, dans sa lettre que, « jusqu'à nouvel ordre, il tient la lettre signée de mon nom qu'il a reçue comme étant mon œuvre ». Il y a donc bien là un fait précis, déterminé, qui constitue la diffamation.

Le Tribunal ayant, par son jugement du 8 mars 1906 précité, jugé que la lettre de M. Ridel n'est pas injurieuse, comme en fait elle ne l'est pas, il n'y a pas à examiner si elle pourrait être excusée, s'il y avait provocation.

Le Tribunal a, par conséquent, faussement appliqué la loi en disant que M. Ridel avait été provoqué par moi et en laissant entendre qu'il était, par ce fait, excusable.

II

Le Tribunal dit : *« qu'en qualifiant d'odieuse la lettre par lui reçue et*

(1) Cassation, 25 mars 1847 (D. P. 47, 1, 344) ; Cassation, 10 novembre 1876 (D. P. 77, 1, 44) ; Cassation, 18 novembre 1886 (Gaz. Pal. 86, 2, 750).

« *qui, au reste, n'était qu'un tissu de méchancetés et d'infamie, Ridel pas plus que les gérants des journaux poursuivis ne se sont point rendus coupables du délit de diffamation ou d'injures.* »

A cela, je réponds :

Le Tribunal a jugé à côté de la question en disant que M. Ridel n'avait commis aucun délit en qualifiant d'odieuse la lettre que ce dernier avait reçue pas plus que les gérants des journaux qui l'avaient publiée. Je ne reproche pas, en effet, à M. Ridel d'avoir annoncé dans les journaux qu'il avait reçu une lettre signée Eustache de la Cochardière de la Marche et de l'avoir qualifiée d'odieuse. Ce que je reproche à M Ridel, c'est d'avoir ajouté « qu'il tenait cette lettre odieuse pour mon œuvre. » alors que j'avais, auparavant, par la voie des journaux, dénié formellement en être l'auteur.

Dire, en présence de mon déni, qu'il tenait, jusqu'à nouvel ordre. la lettre reçue par lui qu'il qualifiait d'odieuse, « comme étant mon œuvre » est un acte méchant fait avec l'intention de me nuire, et constitue le délit de diffamation. C'est m'imputer un fait odieux, que je n'ai pas commis, puisqu'il dit que la lettre est odieuse.

III

Le Tribunal termine en disant : « *que pour que Ridel et les gérants des journaux poursuivis se fussent rendus coupables du délit de diffamation ou d'injure, il aurait fallu de la part du demandeur (E. de la Cochardière de la Marche) établir l'intention de nuire, élément essentiel du délit.* »

A cela, je réponds :

La Cour de cassation a jugé, par de nombreux arrêts, que la diffamation où l'injure est réputée faite avec l'intention de nuire (1) et que c'est aux diffamateurs et aux insulteurs à prouver juridiquement qu'en publiant un écrit diffamatoire ou injurieux ils ont agi sans intention de nuire (2).

Le Tribunal correctionnel de Laval a jugé le contraire de la Cour suprême. D'après lui, ce n'est point aux inculpés à prouver qu'en publiant un écrit diffamatoire ou injurieux ils n'ont pas eu l'intention de nuire ; mais c'est au contraire au plaignant à démontrer que les prévenus ont agi avec l'intention de nuire.

La Cour de cassation, par arrêt du 12 février 1891 (S. 91, 1. 144), a décidé qu'un tel jugement doit être annulé comme ayant renversé la présomption légale.

Comme on le voit, le Tribunal de Laval s'asseoit sur les arrêts de la Cour de cassation qui est cependant la cour régulatrice de la jurisprudence, instituée à cet effet par une loi Il n'en tient nul compte. La jurisprudence de la Cour suprême est pour lui lettre morte.

Le Parlement ne voudra pas, j'ose l'espérer, qu'un tribunal quelconque traite, à l'avenir, avec un tel sans gêne les arrêts de la Cour de cassation rendus avec l'impartialité que tout le monde judiciaire se plaît à reconnaître et qui fait l'honneur de cette haute autorité judiciaire.

Il voudra, je veux croire, imposer par une loi aux tribunaux et aux cours d'appel l'obligation de se conformer à la jurisprudence de la Cour suprême et à la loi sous peine de faute lourde engendrant

(1) Cassation, 10 novembre 1876 (D. P. 77-1.44) ; Cassation, 18 novembre 1881 (S. 82-1.236) ; Cassation, 10 février 1883 (S. 84-1.93) ; Cassation, 7 novembre 1884 (S. 87-1.137 ; Cassation, 12 février 1891 (D. P. 92-1.176 ; S. 91-1.144) ; Cassation, 15 février 1894 (S. et P. 95-1.252) ; Cassation, 23 août 1894 (S. et P. 96-1.201).

(2) Cassation 12 février 1891 (S. 91.1.144 ; D. P. 92-1.176).

contre eux une action en dommages-intérêts au profit des parties lésées et une amende au profit du Trésor quand l'intérêt public sera aussi lésé.

IV

Conclusion

Ainsi, tout est permis envers moi : on ne se contente pas de me frapper et de me faire des blessures qui ont produit une hémorragie, on me diffame encore dans les journaux sans que les auteurs soient punis.

Le Tribunal les absout et me condamne en tous les frais du procès !! Conséquence forcée, dira-t-on, puisque j'ai été débouté de ma demande. Je veux bien ; mais je constate que j'ai payé tous les frais du procès !!

V

Le Tribunal, en me déboutant de ma demande, a-t-il manqué à ses devoirs professionnels et tombe-t-il, pour ce fait, sous l'action disciplinaire ?

Je saisis de ce fait le Gouvernement pour l'apprécier et M. le Ministre de la Justice pour déférer ensuite, s'il lui plaît, les juges au Conseil supérieur de la magistrature érigé par l'art. 13 de la loi du 30 août 1883.

Il y a, à mon sens, manquement de la part d'un tribunal à ses devoirs professionnels toutes les fois qu'il commet une faute lourde, s'il apparaît qu'elle a été faite sciemment.

Les juges sont des Souverains au regard des particuliers, ne relevant que de leur conscience et pouvant faire le bien et le mal à leur gré. C'est ainsi qu'aucun citoyen ne peut les poursuivre en dommages-intérêts pour le préjudice qu'ils lui ont causé dans l'exercice de leurs fonctions, quelque grossière que soit la faute qu'ils aient commise (1).

Mais ils ne sont pas des Souverains au regard de l'Etat lorsque, dans l'exercice de leurs fonctions, ils ont commis des fautes lourdes faites volontairement, car la société ne peut être désarmée.

D'après une jurisprudence constante des cours d'appel et des tribunaux, tout notaire qui commet, volontairement, une faute lourde, causant un préjudice, dans la rédaction des actes de son ministère, en n'appliquant pas la loi et la jurisprudence de la Cour de cassation, est puni de suspension.

Il est de toute justice que cette jurisprudence, créée par les tribunaux de première instance et les cours d'appel, leur soit appliquée par la Cour suprême.

POURQUOI M. E. DE LA COCHARDIÈRE DE LA MARCHE N'A-T-IL PAS FAIT APPEL ?

Les lecteurs se demanderont pourquoi je n'ai pas fait appel des deux jugements qui m'ont débouté de ma demande et condamné en tous les dépens, puisqu'en appel j'aurais gagné mes deux procès.

(1) Ainsi jugé par deux arrêts de la Cour de cassation : l'un du 17 juillet 1832 (S. 32-1.484), et l'autre du 6 juillet 1858 (S. 58-1.497).

La réponse est très simple : Si je n'ai pas fait appel c'est parce que les dommages-intérêts qui m'auraient été alloués par la Cour auraient à peine suffi à payer les honoraires de mon avocat d'appel : les Cours d'appel sont, en effet, très parcimonieuses en fait d'allocation d'indemnité.

Puisque je ne pouvais retirer aucun bénéfice pécuniaire d'un appel devant la Cour, il était préférable de rester tranquille. C'est ce que j'ai fait.

Mais j'ai tenu à saisir le Parlement de ces deux affaires pour qu'il voit bien ce que produit l'irresponsabilité des juges envers les plaideurs.

LES JUGES DU TRIBUNAL ONT-ILS JUGÉ PAR INIMITIÉ OU PAR FAVEUR ?

Les juges du Tribunal de Laval ont-ils jugé par inimitié contre moi ? Je ne sais. Mais il est permis de le rechercher.

Les autorités judiciaires auront à examiner s'il faut voir une inimitié contre moi de la part du Tribunal :

A) Dans le fait, par le Tribunal, d'avoir qualifié d'ignoble la lettre reçue par M. Ridel pour atténuer la culpabilité de ce dernier, alors que cette lettre n'est nullement ignoble comme on peut s'en convaincre en la lisant (1).

B) Dans le fait, par le Tribunal, d'avoir jugé que je ricanais en passant sous la fenètre du bureau de M. Ridel, alors qu'aucun témoin ne l'a dit et que l'inculpé n'en a même pas parlé dans son interrogatoire, et que les faits démontrent que je ne pouvais ricaner, n'étant pas l'auteur de la lettre dont se plaignait M Ridel et ignorant, comme le prouve ma plainte en faux, la petite méchanceté qui avait été faite à mon adversaire (2).

C) Dans le fait, par le Tribunal, d'avoir jugé, pour donner une cause à ma prétendue agression contre M. Ridel et justifier ainsi ses coups de cravache, qu'il m'avait abordé en me demandant si j'étais bien l'auteur de la lettre qu'il avait reçue, alors qu'aucune preuve, ou témoignage quelconque n'établit cela (3).

D) Dans le fait, par le Tribunal, d'avoir jugé, pour acquitter M. Ridel, qu'il m'avait frappé d'abord de 3 ou 4 coups de cravache au cours de la lutte et m'avait désarmé ensuite ce qui le constituait en état de légitime défense, tandis que d'après son propre aveu constaté par le procès-verbal du greffier vu et visé par le président du Tribunal, il m'a d'abord désarmé et frappé ensuite de 3 ou 4 coups de cravache, ce qui établit qu'il n'était plus en état de légitime défense (4).

E) Dans le fait, par le Tribunal, de ne pas s'être conformé à la jurisprudence de la Cour de cassation — cour régulatrice de la jurisprudence — qui dit que la diffamation et l'injure sont réputées faites avec l'intention de nuire, alors que le Tribunal a jugé le contraire pour me débouter de mon action en dommages-intérêts pour une diffamation parfaitement caractérisée (5).

F) Dans le fait, par le Tribunal, d'avoir statué, pour rejeter

(1) Voir mes explications, n° 5.
(2) Voir id. page 16, II.
(3) Voir id. n° 7. A.
(4) Voir id. page 18, IV.
(5) Voir id. page 23, III.

mon action en dommages-intérêts, à côté des faits de diffamation au lieu de les juger (1)

G) Dans les autres motifs des deux jugements précités.

S'il y avait animosité de la part du Tribunal contre moi, d'où viendrait elle ? Je l'ignore.

Faudrait-il la voir dans les faits suivants :

Ayant eu, il y a quelques années, des procès que j'ai tous perdus devant un autre tribunal, quoique, d'après les avocats, je devais les gagner, j'ai cherché le moyen de forcer les juges à me rendre la justice et à la rendre à tous mes concitoyens selon l'équité. Ce moyen, je l'ai trouvé. Il consiste à faire voter une loi qui rende les juges responsables pécuniairement des fautes lourdes ou graves qu'ils commettent quand ils rendent la justice.

Il n'y a pas d'autre moyen qui soit efficace.

J'ai, à cet effet, rédigé un projet de loi que j'ai envoyé vers la fin de l'année 1903, à tous les députés. La 16e commission de la Chambre des députés l'a pris en considération et renvoyé à la commission des réformes judiciaires qui n'a pu statuer avant la fin de la précédente législature.

Je l'ai, aussi, adressé à la Ligue des Droits de l'Homme. Le comité de cette ligue l'a envoyé à l'examen de M. Appleton, avocat, professeur de l'Etat à la Faculté de droit de Lyon. Ce savant professeur a fait un rapport à ce comité, concluant, comme moi, à la responsabilité de tous les juges sans exception.

Sous la précédente législature, la Commisslon de la Chambre des députés chargée de statuer sur l'affaire Humbert et à laquelle j'avais envoyé mon projet de loi sur la responsabilité des juges émit, en 1905, la proposition que tous les juges doivent être rendus, par une loi, responsables des fautes lourdes qu'ils commettent dans l'exercice de leurs fonctions.

Le rapport, rédigé par le président de cette commission, M. Delarue, fut approuvé par elle. Il concluait au renvoi de la proposition à la commission des réformes judiciaires, seule compétente pour rédiger un projet de loi sur cette matière.

La commission des réformes judiciaires ayant été saisie de ce rapport quelques mois avant la fin de la précédente législature n'eut point le temps de s'en occuper.

Mon avocat ne me cacha pas que la tâche qu'il avait assumée de me défendre était très dure en raison de mes projets de loi sur la magistrature des cours d'appel et des tribunaux, et notamment de mon projet de loi sur la responsabilité des juges.

L'idée de rendre les juges responsables des fautes lourdes qu'ils commettent ne peut, me dit-il, qu'être approuvée et encouragée, parce que la responsabilité pécuniaire des juges est le seul moyen efficace d'obtenir des magistrats la justice selon l'équité.

Les juges de première instance et des cours d'appel redoutent, ajoute-il, la justice de la Cour de cassation, parce que cette cour n'a pas de haine ni de complaisance pour ses justiciables et ne se préoccupe point de savoir la situation de ceux qu'elle juge, n'appliquant que la justice vraie, la justice égale pour tous les citoyens, laquelle a fait, des juges de la Cour de cassation, des magistrats si honorés et si respectés.

Comme mon projet de loi rend les juges de Laval justiciables, pour les fautes lourdes qu'ils pourraient commettre, de la Cour de cassation,

(1) Voir mes explications, page 22, II.

il a pu présumer que j'étais exposé à en supporter les conséquences.

A l'audience, il voulut parer le mauvais effet qu'avaient pu produire mes projets de lois sur la magistrature et notamment celui sur la responsabilité des juges.

Dans ce but, il dit que les magistrats de Laval, animés au plus haut degré de la justice vraie, de la justice égalitaire pour tous les citoyens, ne voudront certainement pas me tenir rigueur de mes projets de loi sur la magistrature et qu'ils me jugeront sans haine.

Depuis la publication de mes projets de loi sur la magistrature, j'ai eu l'audace de poursuivre en justice de paix où j'ai soutenu ma demande durant une heure et demie environ M. Ratte commissaire de police à Laval et un membre de la magistrature M. Lajus substitut du procureur de la République à Laval, pour abus d'autorité.

J'ai, de plus, dans cinq affiches dont la teneur est aux pages 29 et 30, annoncé la date du procès que je faisais au commissaire de police de Laval et au substitut du procureur de la République de Laval et ajouté audacieusement qu'il manquait à Laval un journal républicain. radical, indépendant, qui signalerait au public « les méfaits commis par les magistrats. »

Tous ces faits ont-ils animé le Tribunal de sentiments hostiles à mon égard ? Je l'ignore.

Si le Tribunal n'avait pas d'animosité contre moi a-t-il voulu :

A) En me déboutant de mes deux actions en dommages-intérêts être agréable au Maire de Laval alors sénateur, au Conseil municipal de Laval, à M. Ratte commissaire de police de Laval, au Conseil de Préfecture de la Mayenne et à M. Seignouret alors préfet de la Mayenne que j'avais malmenés vigoureusement dans une lettre au Ministre de l'Intérieur portant la date du 21 juin 1905 et que des agents de police m'avaient empêché de faire vendre par les tenancières des kiosques de la ville de Laval, mais que j'ai rendue publique en la faisant imprimer et placarder contre les murs de la ville de Laval ? Je l'ignore.

B) En me déboutant de mon action en dommages-intérêts contre les gérants des journaux *La Mayenne*, l'*Echo de la Mayenne* et le *Journal de Laval* pour leur être agréable parce qu'ils ne signalent pas au public, comme je l'ai dit dans mon affiche dont la teneur est aux pages 29 et 30, « les méfaits commis par les magistrats ? ». Je l'ignore.

Quoi qu'il en soit, il appartient au Gouvernement de statuer sur ces divers points que je lui défère, et à la Cour de Cassation de les trancher par application de l'article 80 de la loi du 27 Ventose an VIII et de l'article 183 du code pénal, s'ils lui sont soumis.

UTILITÉ DE RENDRE LES JUGES RESPONSABLES POUR LES EMPÊCHER DE FAIRE DES FAUTES LOURDES

S'il existait une loi rendant les juges des Tribunaux de première instance et des Cours d'appel responsables pécuniairement des fautes lourdes qu'ils commettent dans l'exercice de leurs fonctions, je poursuivrais, devant la justice, les juges de Laval en réparation du préjudice qu'ils m'ont causé en me déboutant de mes deux actions judiciaires contre M. Ridel ; car, en ne m'accordant pas des dommages-intérêts pour le préjudice que celui-ci m'a porté, ils ont incontestablement commis une faute lourde.

Mais je crois que, s'ils avaient été responsables pécuniairement pour faute lourde, ils auraient condamné M. Ridel dans la crainte d'une action en dommages-intérêts de ma part.

NOTICE SUR LES JUGES DE LAVAL

Le Tribunal

Il y a cinq à six ans, les juges de Laval eurent, sur la demande de M. le Ministre de la Justice, à prononcer la dissolution du Comité de la Jeunesse Royaliste du département de la Mayenne, dont Me Leblanc avocat à Mayenne (1) fils de l'ancien député conservateur de la 2e circonscription de Mayenne en 1885 était le vice-président.

Cette dissolution emportait une condamnation à l'amende de tous les membres de ce Comité. Le Tribunal ne pouvait pas faire autrement que de les condamner ; mais il ne les frappa que d'une amende légère. Il ne pouvait pas être plus aimable pour eux ! !

Sur appel du Procureur général, la Cour d'Angers éleva l'amende et la porta à 300 francs pour chaque membre.

A l'occasion des inventaires qui eurent lieu au commencement de l'année 1906, des poursuites furent engagées par le Procureur de la République devant le Tribunal Correctionnel de Laval contre les citoyens qui avaient commis des délits.

Les juges furent très cléments pour les inculpés : ils ne les condamnèrent qu'à des peines très légères ! !

M. Bordeaux-Desbarres, président

M. Bordeaux-Desbarres est président du Tribunal de Laval depuis 23 ans. Il fut nommé en 1883.

Il a eu, à Laval, il y a cinq ou six ans, une affaire retentissante relative à ses fonctions avec Madame Silice, femme du médecin-major de 1re classe du 124e régiment de ligne, résidant à Laval.

A l'issue d'une audience où Madame Silice avait été condamnée par le Tribunal Correctionnel de Laval sur la plainte du président du Tribunal pour l'avoir, prétendait-il, injurié dans une lettre privée, cette dame qui soutenait que sa lettre n'était pas injurieuse l'a attendu avec son mari pendant plus d'une heure et demie, dans le jardin du Palais de Justice, à sortir de son cabinet pour le giffler.

Le président n'osa pas sortir ; il avait peur d'être confirmé !

Lasse d'attendre, elle s'en alla avec son mari chez elle.

Un public nombreux stationnait devant les grilles du jardin du Palais de Justice, assistant à ce scandale judiciaire que le président aurait dû éviter en ne la faisant pas poursuivre en justice et surtout en n'attendant pas dans son cabinet l'issue du procès engagé sur sa plainte (2).

(1) Il a été élu, en mai 1906, député de la 2e circonscription de la Mayenne sous l'épithète de républicain ! ! contre un républicain. Voilà un défenseur, pour les juges de Laval, devant la Chambre des Députés.

(2) Lorsqu'un magistrat reçoit une lettre injurieuse dans une enveloppe cachetée il est préférable de la jeter au panier que de porter plainte, et à plus forte raison quand elle n'est qu'irrévérencieuse.

Madame Silice avait fait appel de ce jugement ; mais une amnistie générale pour faits de presse ayant été votée par le Parlement, sa condamnation fut éteinte. L'appel n'eut, donc, aucune suite.

M. Trouillard, juge

M. Trouillard était juge d'instruction à Laval en 1894.

A cette époque, il donna sa démission de juge d'instruction et reprit ses simples fonctions de juge. C'était au moment de l'instruction de l'abbé Bruneau qui fut condamné à mort par la Cour d'Assises de la Mayenne et exécuté sur une des places publiques de Laval.

M. Bouessée, juge

Le juge Bouessée, qui a un fils nationaliste maire d'une commune de la 1re circonscription de la Mayenne dont M. le comte de Hercé est député, n'a point de passé historique. Je ne vois de remarquable en lui qu'une belle paire de favoris qu'il caresse de temps à autre sur son siège de magistrat.

§ II

LA JUSTICE DU JUGE DE PAIX DOITTEAU

M. Brard, huissier à Laval, m'a fait un procès pour une prétendue insinuation préjudiciable dans une affiche ; et c'est au sujet de cette action judiciaire que j'ai à me plaidre de M. le juge de paix Doitteau. Avant de passer à ma plainte, il est indispensable que j'expose les faits préalables.

PRÉTENDUE INSINUATION PRÉJUDICIABLE DANS UNE AFFICHE

Exposé des faits et motifs de l'action judiciaire de M. Brard contre M. E. de la Cochardière de la Marche

Le 8 octobre 1905, je faisais apposer, contre les urinoirs de la ville de Laval, cinq affiches manuscrites, conçues dans les termes suivants, qui furent constatés à la requête de M. Brard par M. Bruneau huissier à Laval, le 10 octobre 1905, dans un procès-verbal :

AUDIENCE PUBLIQUE

Le samedi 14 octobre 1905, à une heure de l'après-midi, au Palais de Justice, sis à Laval, le juge de paix du canton Est de Laval, aura à statuer sur le litige suivant :

Le samedi 8 juillet 1905, des agents de police de Laval firent, sans droit, défense aux marchandes de journaux se tenant dans les kiosques de la ville de Laval de vendre des exemplaires d'une lettre adressée par M. Eustache de la Cochardière de la Marche au Ministre de l'Intérieur. Ayant éprouvé par cette défense un préjudice, M. Eustache de la Cochardière de la Marche a assigné devant le juge de paix, pour l'audience du 14 octobre 1905, M. Lajus substitut du Procureur de la République de Laval et M. Ratte commissaire de police de Laval, à l'effet de les faire condamner à lui payer une somme de 40 francs pour réparation du préjudice que lui a causé la défense faite par les agents de police aux tenancières des kiosques de la ville de Laval de vendre les exemplaires de sa lettre au Ministre de de l'Intérieur. Les auteurs de cette défense ont-ils cru avoir sauvé la France !!! Je le crois. Le gouvernement fera donc bien de leur faire cadeau de chemises de nuit appelées « chemises Saint-Joseph » et de petits mouchoirs pour pisser ! Il faut toujours récompenser les sauveurs !!! (1)

Si un procureur de la République ou un commissaire de police pouvait impunément empêcher la vente des journaux ou la distribution des imprimés, circulaires et professions de foi au moment des élections sous un prétexte quelconque, il n'y aurait plus d'élections indépendantes possibles.

Les personnes qui auront à se plaindre de M. Ratte commissaire de police de Laval et de M. Brard huissier à Laval sont priés d'aller trouver M. Eustache de la Cochardière de la Marche, 19, rue des Fossés à Laval, qui les renseignera et plaidera pour eux devant les Tribunaux pour rien.

Les journaux sont faits pour annoncer les nouvelles; mais il n'en est malheureusement pas ainsi des journaux de Laval quand les nouvelles concernent des magistrats. Aucun journal de cette ville n'a voulu annoncer que M. Eustache de la Cochardière de la Marche a assigné, pour l'audience du 14 octobre 1905, le substitut du procureur de la République de Laval et le commissaire de police de Laval. S'il s'était agi d'un simple particulier, ils l'auraient annoncé.

Habitants de Laval, posez-vous cette question : Les journaux de Laval défendent-ils les citoyens contre les magistrats ou si au contraire ils protègent les magistrats contre les citoyens?

Il manque à Laval un journal républicain, radical, indépendant, qui signalerait au public les méfaits commis par les magistrats et la police et qui défendrait contre ceux-ci les citoyens.

Le rédacteur de l'affiche :
EUSTACHE DE LA COCHARDIÈRE DE LA MARCHE,
ancien notaire, rentier,
19, rue des Fossés, à Laval.

A la date du 3 novembre 1905, j'étais cité devant le juge de paix Doitteau à la requête de M. Brard huissier à Laval à l'effet de me faire condamner à lui payer la somme de 200 francs à titre de dommages-intérêts pour avoir, prétendait-il, dans cinq affiches dont copie est ci-dessus transcrite, donné à entendre que j'avais eu à me plaindre de lui ainsi que d'autres personnes, fait qui écarterait de sa clientèle les gens qui feraient crédit à cette insinuation.

Défense de M. Eustache de la Cochardière de la Marche
Demande reconventionnelle en diffamation

A cette demande, je répondis notamment qu'aucune phrase de mon placard ne laissait entendre que, moi et d'autres personnes, nous avions eu à nous plaindre de M. Brard.

Son avocat, au cours de sa plaidoirie, m'ayant imputé, comme l'avait fait M. Brard lui-même dans son assignation lue publiquement à l'audience, d'avoir affiché un placard ridicule et ordurier, placard qui n'avait rien de ridicule, ni d'ordurier comme on a pu le voir ci-dessus, je formai une demande reconventionnelle en dommages-intérêts pour cette diffamation.

(1) Dans ma lettre au Ministère de l'Intérieur, je constatais l'état des mœurs de la Mayenne en disant qu'on se servait, encore, dans certaines familles cléricales de chemises de nuit appelées « chemises Saint-Joseph » et de petits mouchoirs pour pisser pour ne pas toucher à la chair le tout dans un but de chasteté; et c'est ce qui explique pourquoi j'y suis revenu dans cette affiche.

Jugement

Le juge de paix rendit, le 15 novembre 1905, l'étonnant jugement dont la teneur suit :

Sur la demande principale :

Attendu que le sieur Brard huissier à Laval a été directement nommé et pris à partie sans aucun motif plausible dans une affiche de caractère au moins inconvenant, placardée par les soins du sieur Eustache de la Cochardière de la Marche sur les urinoirs de la ville de Laval ; que l'affiche dont s'agit contient à l'égard du sieur Brard des insinuations malveillantes qui sont de nature à lui porter préjudice et constituent une faute grave ; qu'en invitant, en effet, les personnes qui auraient à se plaindre de M. Brard huissier à Laval et en annonçant qu'il se chargeait de plaider pour elles devant les Tribunaux pour rien, le rédacteur de l'affiche donnait clairement à entendre que le sieur Brard aurait usé d'agissements répréhensibles vis à vis de sa clientèle ; qu'il aurait donné soit à lui-même, soit à des tiers, de légitimes motifs de plaintes susceptibles de provoquer une instance devant les Tribunaux ; qu'il le représentait comme capable dans tous les cas de léser les intérêts qui lui seraient confiés ; que cette insinuation sans fondement était déjà de nature à causer des dommages sérieux à cet officier ministériel ; qu'en donnant, en outre, à cet appel manuscrit mais placardé dans différents endroits (on sait lesquels) la publicité la plus grande qu'il avait pu, le sieur Eustache de la Cochardière de la Marche tenait manifestement à nuire au sieur Brard et lui a nui en réalité ; que mieux que personne le sieur Eustache de la Cochardière de la Marche ancien notaire pouvait se rendre compte de la portée et de la gravité de ses insinuations et de leur méchanceté ; que ces faits tombent sous l'application de l'article 1382 du code civil.

Attendu que nous possédons les éléments pour apprécier le préjudice ; qu'il sera fait justice en accordant au sieur Brard la somme de 200 francs demandée par lui.

Sur la demande reconventionnelle :

Attendu qu'en qualifiant, comme il l'a fait dans son assignation, le placard dont s'agit, le demandeur n'a fait qu'une juste appréciation d'un factum regrettable à tous les points de vue, dans lequel il était injustement attaqué lui-même et que son auteur avait livré à la publicité ; qu'en ce faisant il n'a pas dépassé la mesure d'une légitime défense, non plus que par la lecture publique qui a été donnée à l'audience de la citation introductive d'instance ainsi que le veut la loi ; que par suite la demande reconventionnelle est sans fondement.

Par ces motifs :

Condamnons le sieur Eustache de la Cochardière de la Marche à 200 francs de dommages-intérêts pour réparation du préjudice causé au sieur Brard par sa faute et en vertu des dispositions de l'article 1382 du code civil.

Disons non recevable, en tous cas mal fondée, la demande reconventionnelle du sieur Eustache de la Cochardière de la Marche ; l'en déboutons dans toutes ses parties et conclusions et comme supplément de dommages-intérêts le condamnons à rembourser au sieur Brard les frais du procès-verbal de constat avancés par lui, tous les frais et dépens du procès liquidés à 10 fr. 40 non compris ceux du présent et ceux qui en seront la conséquence.

Ainsi jugé et prononcé à l'audience publique de la justice de paix du canton ouest de Laval, séant au Palais de Justice à Laval, le 15 novembre 1905, par nous Alphonse-Denis Doitteau, juge de paix.

Plainte contre le juge de Paix Doitteau, qui a rendu ce jugement

Le juge de paix en me condamnant à des dommages-intérêts a commis envers moi une iniquité. Je vais le prouver :

I

Le juge de paix Doitteau dit, sur la demande principale : « *que* « *l'affiche dont il s'agit contient à l'égard du sieur Brard des insinua-* « *tions malveillantes qui sont de nature à lui porter préjudice et consti-*

« *tuent une faute grave; qu'en invitant, ajoute-t-il, les personnes qui*
« *auraient à se plaindre de M. Brard huissier à Laval et en annon-*
« *çant qu'il se chargeait de plaider pour elles devant les Tribunaux*
« *pour rien, le rédacteur de l'affiche (E. de la Cochardière de la Marche)*
« *donnait clairement à entendre que le sieur Brard aurait usé d'agisse-*
« *sements répréhensibles vis-à-vis de sa clientèle; qu'il aurait donné soit*
« *à lui-même, soit à des tiers, de légitimes motifs de plaintes suscep-*
« *tibles de provoquer une instance devant les tribunaux; qu'il le repré-*
« *sentait comme capable dans tous les cas de léser les intérêts qui lui*
« *seraient confiés; que cette insinuation sans fondement était de nature*
« *à causer des dommages sérieux à cet officier ministériel.* »

A cela, je réponds :

Lisons d'abord attentivement mon annonce incriminée. Elle est ainsi libellée :

Les personnes qui auront à se plaindre de M. Brard huissier à Laval sont priés d'aller trouver M. Eustache de la Cochardière de la Marche, 19, rue des Fossés à Laval, qui les renseignera et plaidera pour eux devant les Tribunaux pour rien.

Comme on le voit, j'offre aux gens qui auront à se plaindre de M. Brard de les renseigner et de plaider pour eux pour rien, et c'est tout. Le sieur Brard savait parfaitement que j'avais ce droit, car ce qui n'est pas défendu par les lois est permis. Aussi, il ne m'a pas demandé des dommages-intérêts pour avoir offert mes services aux particuliers contre lui.

Mais il m'en réclame parce qu'il voit dans mon annonce un sous-entendu! Il prétend que, dans mon offre de service ci-dessus transcrite, « j'ai donné clairement à entendre que j'aurais eu « à me plaindre de lui dans l'exercice de ses fonctions et que d'autres « personnes se trouvent dans le même cas, fait qui écarterait de sa « clientèle les gens qui feraient crédit à cette insinuation ».

Mon annonce incriminée contient-elle quelque chose qui n'y est pas exprimé? — Assurément non. Mais rien n'arrête un huissier.

Il s'est dit que le juge de paix avec lequel il est en relations fréquentes pour affaires ne voudrait pas lui donner tort. Il ne s'est pas trompé. Le juge de paix a accueilli sa prétention. Il a fait même mieux; il a surenchéri, avec une ardeur inexplicable, sur les motifs que M. Brard avait employés dans son assignation pour justifier sa demande, en disant dans son jugement que par mon annonce « j'ai donné clairement à « entendre que le sieur Brard aurait usé d'agissements répréhensibles « vis-à-vis de sa clientèle; qu'il aurait donné, soit à moi-même, soit à des « tiers, de légitimes motifs de plaintes susceptibles de provoquer une « instance devant les tribunaux; que je le représentais comme capable « dans tous les cas de léser les intérêts qui lui seraient confiés; que « cette insinuation sans fondement était de nature à causer des dom- « mages sérieux à cet officier ministériel. » — Voilà un juge de paix « qui a l'imagination fertile!!

Il est manifeste que mon annonce ne laisse point entendre cela. On reste stupéfait en lisant un pareil jugement. Pour que mon annonce eût laissé entendre l'insinuation dont M. Brard m'accuse, il faudrait qu'elle eût été construite « au temps présent ». Or, elle est construite « au temps futur ». J'ai employé le verbe avoir « au futur ». J'ai dit, en effet: Les personnes qui « auront » à se plaindre de M. Brard huissier à Laval pourront s'adresser à M. Eustache de la Cochardière de la Marche qui se chargera de les renseigner et de plaider pour eux devant les tribunaux pour rien.

Mon annonce est nette et précise et il n'est pas possible pour tout citoyen ayant un peu de bon sens d'y voir une insinuation quelconque tendant à laisser entendre que j'ai eu à me plaindre de M. Brard dans l'exercice de ses fonctions et que d'autres se trouvent dans le même cas ; elle ne donne à entendre qu'une chose qui est claire, à savoir que ceux qui « auront » à se plaindre de M Brard pourront s'adresser à moi.

C'est l'opinion de tous les grammairiens et de tous les avocats que j'ai consultés. Les professeurs ont été très étonnés de voir ce juge de paix juger mon annonce tel qu'il l'a fait. Les avocats n'ont pas été surpris d'une telle interprétation de mon annonce car, m'ont-ils dit, il ne faut pas chercher la justice chez certains juges de paix ! !

Ainsi, à Laval, aucun citoyen ne pourra plus, à l'avenir, annoncer, sous peine d'avoir à payer, à chaque annonce, 200 francs de dommages-intérêts multipliés par le nombre d'officiers ministériels dont il se chargera de vérifier les états de frais, parce que ce serait, d'après la décision précitée du juge de paix Doitteau : « donner à entendre que « ce citoyen a eu à se plaindre d'eux dans l'exercice de leurs fonc- « tions et que d'autres personnes se trouvent dans le même cas !!! »

La Chambre des Députés a, dans sa séance du 13 novembre 1905, voté la résolution suivante :

La Chambre résolue à réaliser la diminution des frais de justice passe à l'ordre du jour.

Mais à quoi servira de diminuer les frais de justice si les juges empêchent les détaxateurs d'offrir leurs services au public pour vérifier si les officiers ministériels ont excédé le tarif légal en condamnant ces détaxateurs pour leur offre de services à des dommages-intérêts? Car ce ne sont pas les plaideurs qui peuvent voir eux-mêmes s'ils ont trop payé : Il n'y a que des citoyens ayant des connaissances spéciales en matière de taxe qui peuvent le savoir.

Je ne sais si, à Laval, il y a des officiers ministériels qui prennent des honoraires supérieurs au tarif légal ; mais il est bien permis, sans encourir de responsabilité, de s'offrir pour vérifier, sans rétribution, leurs états de frais en vue d'acquérir une popularité électorale.

J'ai démontré plus haut que ma phrase n'a pas donné et ne pouvait pas donner à entendre que, moi et d'autres, nous avions eu à nous plaindre de M. Brard ; d'où il suit que je ne devais être condamné à aucun dommages-intérêts.

Si ma phrase avait été construite de manière à laisser entendre clairement l'insinuation dont il se plaint, je ne lui devrais pas davantage de dommages-intérêts parce que ce ne serait qu'un préjudice incertain, hypothétique. Or, il n'est pas dû de dommages-intérêts pour un préjudice incertain, hypothétique (1) ; il n'en est dû que pour un dommage réel et certain.

Pour en obtenir, en pareil cas, il faudrait que le demandeur établisse par témoins la perte de clients. Le préjudice incertain, hypothétique se transformerait alors en préjudice réel et certain.

Ma condamnation à 200 francs de dommages-intérêts pour mon annonce dans cinq affiches manuscrites est le bouquet ! ! Deux cents francs pour un préjudice qui n'existe pas ! ! Pour allouer cette somme, le juge de paix Doitteau dit dans son jugement, « qu'il possède les éléments pour apprécier le préjudice. »

Où sont-ils, ces éléments? Il aurait dû, au moins, les indiquer.

Il lui a été impossible de le faire, M. Brard n'ayant pu en fournir aucun à l'audience.

(1) Jurisprudence de la Cour de Cassation : arrêts des 10 janvier 1854 et 13 mars 1893. Conforme arrêt de la Cour de Bezançon du 1er décembre 1880 (D. P. 81-2-65).

Le sieur Brard n'a pas fait autre chose que de répéter que ma phrase « a donné à entendre clairement que j'aurais eu à me plaindre de lui « dans l'exercice de ses fonctions et que d'autres personnes se « trouvent dans le même cas, fait qui écarterait de sa clientèle les « gens qui feraient crédit à cette insinuation. »

Mais ce ne sont pas là des éléments établissant le préjudice. Ce ne sont que des articulations qui ont besoin d'être prouvées.

Le juge de paix Doitteau ne pouvait puiser les éléments d'un préjudice que dans une enquête faite à l'audience, enquête que le sieur Brard s'est bien gardé de solliciter parce qu'elle n'aurait pu tourner à son avantage.

Je me demande comment un juge de paix a pu avoir l'audace de me condamner pour un quasi délit qui n'existe pas.

II

Le juge de paix Doitteau dit ensuite, sur ma demande reconventionnelle : « Attendu qu'en qualifiant, comme il l'a fait dans son assignation « le placard dont il s'agit, le demandeur (M. Brard) n'a fait qu'une « juste appréciation d'un factum regrettable.... ; qu'en ce faisant il « n'a pas dépassé la mesure d'une légitime défense, non plus que par « la lecture qui a été donnée à l'audience de la citation. »

A cela, je réponds :

Aucun juge n'a le droit, dans les motifs de son jugement, sous peine de manquer à ses devoirs professionnels, d'approuver une diffamation ou une injure. Il ne peut, s'il y a eu provocation, qu'excuser une injure en déboutant le demandeur de son action en dommages-intérêts, et atténuer seulement la condamnation de l'inculpé poursuivi pour diffamation.

Il n'y a pas de doute que le juge de paix Doitteau ait approuvé l'imputation de M. Brard, disant que mon placard est ridicule et ordurier, puisque dans les motifs de son jugement on lit que le demandeur (M. Brard) n'a fait « qu'une juste appréciation de mon factum ».

Je me plains de ce procédé.

D'un autre côté, la légitime défense ne s'applique pas à la presse. Le juge de paix Doitteau devrait le savoir ! !

En matière de presse, la provocation excuse l'injure ; mais elle n'excuse pas la diffamation, elle ne peut qu'atténuer la condamnation.

M'imputer d'avoir fait un placard ordurier et ridicule est une diffamation, car il y a bien là un fait précis et déterminé.

Le juge de paix Doitteau devait, selon l'équité, condamner mon adversaire à des dommages-intérêts, n'auraient-ils été que de 1 franc.

III

Le juge de paix Doitteau a-t-il manqué à ses devoirs professionnels en me condamnant à 200 francs de dommages-intérêts et en me déboutant de ma demande ?

Je saisis de ce fait le Gouvernement pour l'apprécier et M. le Ministre de la justice pour déférer, s'il lui plaît, le juge de paix Doitteau au Conseil supérieur de la magistrature érigé par l'art. 13 de la loi du 30 août 1883, ou au Conseil spécial établi par l'art. 21 de la loi du 12 juillet 1905.

J'ai expliqué plus haut, page 24, v, qu'il y a manquement de la part d'un juge à ses devoirs professionnels toutes les fois qu'il commet une faute lourde s'il apparaît qu'elle a été faite sciemment. Le lecteur est prié de se reporter à cette page.

Jugement en dernier ressort du juge de paix Doitteau

La demande en 200 francs de dommages-intérêts de M. Brard était de la compétence en dernier ressort du juge de paix, d'après une loi récente qui élève la compétence des juges de paix de 100 à 300 francs en dernier ressort. (Loi du 12 juillet 1905).

Il a fallu, parconséquent, que j'accepte, malgré moi, la sentence du juge de paix Doitteau qui m'avait condamné à 200 francs de dommages-intérêts.

Départ de Laval de M. E. de la Cochardière de la Marche

Après la décision du juge de paix Doitteau me condamnant à 200 francs de dommages-intérêts, maximum de la somme demandée, pour un dommage qui n'existait pas, je ne pouvais plus rester à Laval sans m'exposer à perdre d'autres procès aussi injustes qui m'auraient été faits par haine et même dans un but intéressé pour obtenir des dommages-intérêts, et à subir des avanies de toutes sortes sans pouvoir en faire condamner les auteurs.

J'ai quitté Laval et j'habite Angers depuis le 1er mai 1906.

LE JUGE DE PAIX DOITTEAU A-T-IL JUGÉ PAR INIMITIÉ OU PAR FAVEUR ?

Le juge de paix Doitteau a-t-il jugé par inimitié contre moi ? Je ne sais. Mais j'ai le droit de rechercher la cause de la perte de mon procès.

Les autorités judiciaires auront à examiner s'il faut voir une inimitié contre moi de la part du juge de paix Doitteau :

A) Dans les motifs de son jugement où il dit, contrairement à la vérité, que j'ai donné à mon appel la publicité la plus grande que j'ai pu. Or, n'ayant fait apposer que 5 affiches manuscrites, fait constaté à la requête de M. Brard dans un procès-verbal de M. Bruneau huissier à Laval du 10 octobre 1905, il est impossible de faire croire à qui que ce soit que j'ai donné la publicité la plus grande que j'ai pu à mon appel. Si j'avais voulu donner une grande publicité, j'aurais fait un plus grand nombre d'affiches qui auraient été apposées dans toutes les communes où M. Brard a le droit d'exercer son ministère, en même temps que des insertions annonçant mon appel auraient paru dans les journaux.

B) Dans le fait d'avoir, par des motifs injustifiés, surenchéri, avec acharnement, sur ceux de la demande de M Brard, en disant que j'ai « donné clairement à entendre que le sieur Brard aurait usé d'agisse-« ments répréhensibles vis-à-vis de sa clientèle ; qu'il aurait donné soit « à moi-même, soit à des tiers, de légitimes motifs de plaintes suscep-« tibles de provoquer une instance devant les tribunaux ; et que je le « représentais comme capable, en tous les cas, de léser les intérêts « qui lui seraient confiés », — alors que M. Brard se contentait de dire « que j'ai « donné à entendre clairement que j'avais eu à me plaindre « de lui dans l'exercice de ses fonctions, et que d'autres personnes se « trouvent dans le même cas ».

c) Dans le fait de m'avoir condamné pour un préjudice qui n'existe pas, non point seulement à quelques francs de dommages-intérêts, mais à la totalité des dommages-intérêts demandés, soit 200 francs ; fait qui ne s'était jamais vu jusqu'à présent : les tribunaux n'accordant jamais la totalité de la somme réclamée.

D) Dans le fait d'avoir approuvé, dans les motifs de son jugement, l'imputation diffamatoire de M. Brard disant que mon placard est ridicule et ordurier, au risque d'être reprimandé par M. le Ministre de la Justice.

E) Dans les autres motifs de son jugement.

S'il y avait animosité contre moi de la part du juge de paix Doitteau d'où viendrait-elle ? Je l'ignore.

Faudrait-il la voir dans le fait d'avoir rédigé et envoyé à la Chambre des députés plusieurs projets de lois sur la magistrature et principalement un projet de loi qui rend les juges responsables pécuniairement des fautes lourdes qu'ils font dans l'exercice de leurs fonctions et dont la publication a été annoncée par les journaux, notamment par *La Mayenne* du 31 décembre 1903, le *Journal de Laval* des 8, 22 et 27 janvier 1904, la *Gazette de Château-Gontier* du 14 janvier 1904 et le *Réveil de la Mayenne* du 17 janvier 1904 ?

Ou bien, par esprit de confraternité ou d'obséquiosité envers un ancien supérieur, en raison de ce que j'ai poursuivi un magistrat M. Lajus alors substitut du procureur de la République de Laval, pour abus d'autorité ?

Ou bien encore, pour avoir eu l'audace d'annoncer dans 5 affiches dont la teneur est aux pages 29 et 30, qu'il manquait à Laval un journal républicain, radical, indépendant, pour signaler au public « les méfaits commis par les magistrats. »

Je ne sais.

Si le juge de paix Doitteau n'avait pas d'animosité contre moi, a-t-il voulu, en me condamnant, être agréable :

A) Au maire de Laval alors sénateur, au commissaire de police de Laval, au Conseil municipal de Laval, au Conseil de préfecture de la Mayenne et au préfet de la Mayenne que j'avais attaqués vigoureusement dans une lettre au Ministre de l'Intérieur, portant la date du 21 juin 1905 précitée, que j'avais rendue publique en la faisant imprimer et placarder contre les murs de la ville de Laval ?

B) Aux officiers ministériels, en me mettant, ainsi que tous autres citoyens, dans l'impossibilité, sous peine de dommages-intérêts, d'offrir ses services au public pour vérifier leurs états de frais et faire restituer ce qui aurait été pris en trop, s'il avait été perçu des honoraires supérieurs au tarif légal ?

Je ne sais.

Quoi qu'il en soit, il appartient au Gouvernement de statuer sur ces divers points que je lui défère, et à la Cour de cassation de les trancher par application de l'art. 80 de la loi du 27 ventôse an VIII, et de l'art. 183 du Code pénal, s'ils lui sont soumis.

UTILITÉ DE RENDRE LES JUGES DE PAIX RESPONSABLES POUR LES EMPÊCHER DE FAIRE DES FAUTES LOURDES

La nouvelle loi qui élève de 100 francs à 300 francs la compétence des juges de paix pour diminuer les frais de justice est excellente à la condition toutefois qu'elle soit complétée par le vote d'une loi rendant les juges de paix responsables pécuniairement des fautes lourdes qu'ils commettent dans l'exercice de leurs fonctions.

Tant que le Parlement n'aura pas voté une loi rendant les juges de paix responsables pécuniairement des fautes lourdes qu'ils commettent en rendant la justice, ces magistrats seront, dans leurs cantons, de véritables potentats où ils pourront exercer, s'il leur convient, le despotisme le plus arbitraire, le plus odieux et absolu à l'égard des justiciables.

Si le juge de paix Doitteau avait été responsable pécuniairement de la décision qu'il a rendue contre moi, je l'aurais poursuivi devant la justice en dommages-intérêts pour faute lourde, car il est incontestable qu'il a commis une faute lourde en me condamnant à 200 francs de dommages-intérêts.

Mais je me figure que s'il avait été responsable pécuniairement pour faute lourde je n'aurais pas été condamné dans la crainte d'une poursuite de ma part en dommages-intérêts.

UTILITÉ DE METTRE A LA RETRAITE D'OFFICE LES JUGES DE PAIX A 70 ANS. — RÉUNION DE DEUX JUSTICES DE PAIX EN UNE SEULE

Le juge de paix Doitteau va atteindre d'ici quelques mois 70 ans. A cet âge, les magistrats des Tribunaux de première instance et des Cours d'appel sont mis d'office à la retraite (1). Les juges de paix peuvent rester en fonctions jusqu'à leur mort, arriverait-elle après un siècle.

Pourquoi cette différence ?

Si aucune loi n'a fixé la limite d'âge pour mettre d'office les juges de paix à la retraite au lieu qu'une loi a limité à 70 ans l'âge auquel les magistrats des Tribunaux de première instance et des Cours d'appel seront retraités, ce n'est pas parce que les juges de paix conservent leurs facultés intellectuelles jusqu'à leur mort tandis que pour les autres magistrats elles faiblissent à 70 ans : c'est parce que les juges de paix n'avaient jusqu'à la loi du 12 juillet 1905 qu'une compétence en dernier ressort très peu étendue.

Depuis la loi du 12 juillet 1905 qui a élevé leur compétence, le Parlement fera bien de voter une loi qui les assimilera aux juges des Tribunaux de première instance et des Cours d'appel pour l'âge de la mise à la retraite d'office, et ordonnera au fur et à mesure de leur mise à la retraite la réunion de deux justices de paix en une seule par mesure d'économie.

Comme il y a, en France, plus de 2.870 cantons et qu'il existe un juge de paix par canton, l'économie sera, au minimum, de 3.587.500 francs.

La justice n'en sera, d'ailleurs, que mieux rendue, car plus un juge de paix travaille plus il devient capable.

(1) Décret 1er Mars 1852.

§ III

PROJET DE LOI SUR LA RESPONSABILITÉ DES JUGES

La condamnation des juges à une peine quelconque ne répare pas le préjudice causé par eux aux plaideurs qu'ils ont injustement condamnés ou injustement déboutés de leurs demandes.

Il est, par conséquent, indispensable que le Parlement vote au plus tôt une loi rendant les juges responsables pécuniairement des fautes lourdes qu'ils commettent dans l'exercice de leurs fonctions pour que les plaideurs puissent leur demander en justice réparation du préjudice qu'ils leur ont causé.

C'est, aussi, l'opinion d'un ancien Ministre de la Justice, M. Lebret, avocat, professeur à l'Ecole de Droit de Caen. Il me l'a écrit. En vue de faire voter une loi sur la responsabilité pécuniaire des juges, j'ai envoyé mon projet de loi sur cette matière à tous les Députés et Ministres de la précédente législature.

Il y a deux mois, je l'ai adressé à tous les Ministres et Sous-Secrétaires d'Etat actuellement en fonctions.

Aujourd'hui, je l'adresse, avec cette plainte, à tous les nouveaux Députés et à tous les Sénateurs.

J'envoie, en outre, à tous les Députés et Sénateurs copie du rapport fait sur mon projet de loi relatif à la responsabilité des juges au Comité de la Ligue des Droits de l'Homme par M. Appleton, professeur à la Faculté de Droit de Lyon.

Je prie MM. les Ministres, Sénateurs et Députés de vouloir bien étudier ce projet de loi, lequel répond au sentiment public.

Je n'ai pas la prétention d'avoir fait un travail qui ne puisse être amendé ; mais je crois avoir simplifié la tâche des législateurs.

En terminant ma plainte, je fais observer que je l'ai faite en termes très modérés, alors que j'aurais pu me servir contre les juges de Laval d'expressions violentes et injurieuses qui n'auraient été que la réponse à leurs sentences injustes à mon égard sans avoir à craindre une condamnation en Cour d'Assises pour injures : car les jurés savent bien que la justice n'est pas toujours rendue.

Aussi, les jurés se gardent-ils bien d'étouffer par une condamnation la voix de ceux qui sont injustement condamnés ou déboutés de leur action judiciaire.

J'en trouve la preuve dans quatre poursuites qui furent dirigées contre la presse en 1889 pour outrage à la magistrature. Par quatre arrêts de la Cour d'Assises de la Seine, rendus par quatre jurys qui n'étaient pas composés des mêmes citoyens, tous les gérants des journaux et leurs complices furent acquittés. Pareil fait se reproduisit en 1894 à la suite de six poursuites dirigées contre des journaux. Par six arrêts de la Cour d'Assises de la Seine, rendus par des jurys différents, les journalistes furent encore acquittés.

Les décisions des jurys furent rendues à l'unamité !

APPENDICE

Refus du Ministre de la Justice d'accepter la constitution de partie civile de M. E. de la Cochardière de la Marche

J'avais d'autres griefs contre M. Bordeaux-Desbarres président du Tribunal correctionnel de Laval, et M. Doitteau juge de paix du canton ouest de Laval, que j'aurais voulu faire établir par une instruction judiciaire pour pouvoir en saisir le Gouvernement, les députés, les sénateurs et la Cour de cassation.

L'enquête portant contre le juge de paix était du ressort du procureur général d'Angers : le témoin à entendre étant M. Marchesseau, juge d'instruction à Laval; celle portant contre le président du Tribunal était du ressort du procureur général de Rennes : le témoin à entendre étant M. Chauveau, professeur de droit criminel à la Faculté de l'Etat à Rennes.

Pour l'enquête à faire à Laval, je me suis adressé à M. Cazenavette, procureur général à Angers, à qui j'ai demandé d'interroger M. Marchesseau juge d'instruction à Laval, et de me faire connaître sa déposition.

Ma demande étant restée sans réponse, j'en ai conclu qu'il ne voulait pas me la faire connaître volontairement. Dans cette situation, je lui ai écrit que je me portais partie civile pour avoir le droit de prendre communication de la déposition du juge d'instruction.

Il m'a fait savoir qu'il n'acceptait pas ma constitution de partie civile.

Pour l'enquête à faire à Rennes, je me suis adressé à M. Guyot-Dessaigne ministre de la justice, à qui j'ai demandé de faire interroger M. Chauveau professeur de droit criminel à la Faculté de l'Etat à Rennes, et de me faire connaître sa déposition.

Ma demande étant restée aussi sans réponse, j'en ai conclu qu'il ne voulait pas non plus me la faire connaître volontairement. Dans cette occurence, je lui ai écrit que je me portais partie civile pour avoir le droit de prendre connaissance de la déposition de M. Chauveau.

N'ayant rien reçu, j'ai renouvelé ma demande. Mes lettres étant restées sans réponse, il est certain que M. le garde des Sceaux n'accepte pas davantage ma constitution de partie civile.

M. le Ministre de la Justice et M. le procureur général d'Angers, en ne voulant pas accepter ma constitution de partie civile, laissent croire que les magistrats contre lesquels j'ai demandé l'ouverture d'instructions judiciaires sont coupables, mais qu'ils les couvrent en ne me communiquant pas les dépositions des témoins pour que je ne puisse pas les dénoncer aux autorités compétentes.

MM. les Sénateurs et Députés verront quelle suite ils doivent donner aux refus de M. le Ministre de la Justice et de M. le Procureur général d'Angers.

Impossibilité de tout dire dans une plainte aux sénateurs et députés, sans s'exposer à une action judiciaire. — Réforme à voter

Les députés et sénateurs, étant les représentants du peuple, sont institués non seulement pour légiférer, mais aussi pour recevoir les plaintes, pétitions et projets de lois des citoyens.

Or, on ne peut, dans l'état actuel de nos lois, mettre dans sa requête aux membres du Parlement tout ce que l'on sait au sujet des griefs pour lesquels on se plaint sans s'exposer à être poursuivi devant les tribunaux et condamné à des dommages-intérêts, quoiqu'on agisse de bonne foi pour la défense de ses propres intérêts, et même pour l'intérêt général quand il s'agit de projets de lois.

Avoir des griefs et ne pas pouvoir les signaler aux représentants du peuple, ses défenseurs naturels, sans s'exposer à une action judiciaire, c'est déconcertant !

Par prudence, je n'envoie à MM les sénateurs et les députés qu'un extrait de la plainte que j'adresse aux membres du Gouvernement.

Il me semble qu'il serait utile d'accorder à tout citoyen le droit de pouvoir adresser des plaintes, pétitions et projets de lois à tous les sénateurs et députés, sans être exposé à être poursuivi devant les tribunaux correctionnels ou civils à riason des faits qui y sont contenus.

A cet égard, il pourrait être voté une loi conçue dans les termes suivants :

Aucune action judiciaire ne peut être intentée aux citoyens à raison de leurs plaintes, pétitions et projets de lois adressés aux sénateurs et députés.

Je demande à MM. les députés et sénateurs de vouloir bien étudier cette proposition de loi qui, à mon sens, mérite d'être prise en considération et d'être transformée en loi.

C. EUSTACHE DE LA COCHARDIÈRE DE LA MARCHE,

Ancien notaire à Mayenne

RENTIER, 11, boulevard Carnot, ANGERS (Maine-et-Loire)

Angers, le 31 janvier 1907.

ANGERS, IMPRIMERIE P. DESNOES, 26, BOULEVARD DU CHATEAU

www.ingramcontent.com/pod-product-compliance
Ingram Content Group UK Ltd.
Pitfield, Milton Keynes, MK11 3LW, UK
UKHW022151190726
13855UKWH00004B/1430

9 782013 04790